8° V
33952
(1)

ENCYCLOPÉDIE

ÉLECTROTECHNIQUE

PAR

UN COMITÉ D'INGÉNIEURS SPÉCIALISTES

F. LOPPÉ, INGÉNIEUR DES ARTS ET MANUFACTURES

SECRÉTAIRE

ÉLECTROSTATIQUE

PAR **Eug. VIGNERON**, INGÉNIEUR-CONSEIL

ANCIEN PROFESSEUR ET ANCIEN SOUS-DIRECTEUR DE L'ÉCOLE SUPÉRIEURE D'ÉLECTRICITÉ

ANCIEN INGÉNIEUR AUX COMPAGNIES DES OMNIBUS ET THOMSON HOUSTON

PARIS

LIBRAIRIE DES SCIENCES ET DE L'INDUSTRIE

L. GEISLER, IMPRIMEUR-ÉDITEUR

I, Rue de Médicis, I

1909

1er Fascicule.

/ # ÉCOLE DUVIGNAU DE LANNEAU

PRÉPARATION à L'ECOLE CENTRALE et aux BACCALAURÉATS

1597 élèves reçus à Centrale depuis 1872 — 161 élèves reçus aux baccalauréats depuis 1905

COURS ANNUELS : Seconde — Première — Philosophie
Mathématiques élémentaires — Mathématiques spéciales

La classe de Philosophie est organisée spécialement pour préparer au Certificat d'Etudes Physiques, Chimiques et Naturelles les jeunes gens qui se destinent à la Médecine et à la Pharmacie

Un atelier de mécanique et d'ajustage est installé dans l'école. Les élèves sont admis à y travailler sous la direction d'un professeur et d'un chef d'atelier. — L'enseignement pratique du dessin est donné d'après les modèles et les organes des machines-outils de cet atelier.

PENDANT LES VACANCES
COURS DE REVISION pour les BACCALAURÉATS
Ouverture des Cours vers le milieu d'Août

Envoi du Programme général sur demande. ✦ ✦ *71, Boulevard Péreire — PARIS*

Consultez l'INGÉNIEUR PICARD
pour VOS BREVETS d'INVENTION
97, Rue St Lazare — PARIS — 9

MESURES ÉLECTRIQUES ET INDUSTRIELLES
Enregistreurs RICHARD
25, rue Mélingue (anc. imp. Fessart), PARIS

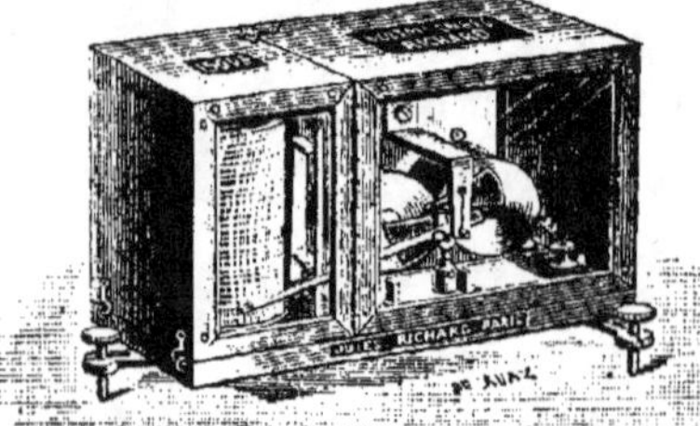

Ampèremètres, Voltmètres, Wattmètres, Ohmmètres, Boîtes de contrôle, etc.

COURANT CONTINU ET COURANTS ALTERNATIFS

Manomètres, Cinémomètres, Dynamomètres
Indicateurs dynamométriques pour la prise des diagrammes
Transmetteurs à distance, Thermomètres, Pyromètres, etc.

Fournisseurs des grandes Administrations et grandes Usines
Envoi franco du Catalogue.

ÉLECTROSTATIQUE

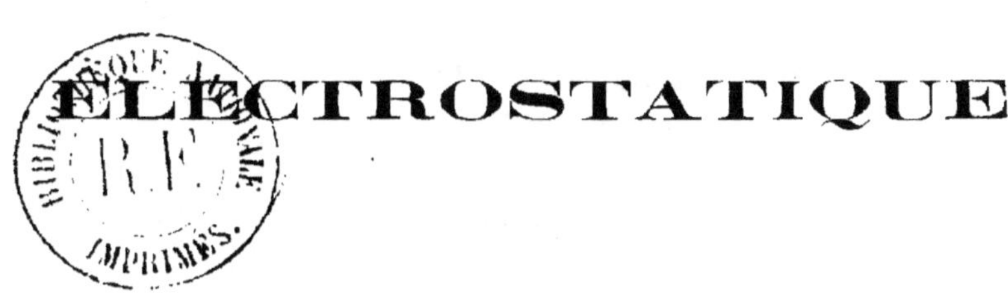

Papier et Imprimerie L. GEISLER

AUX CHATELLES

PAR RAON-L'ÉTAPE (VOSGES).

ENCYCLOPÉDIE
ÉLECTROTECHNIQUE

PAR

UN COMITÉ D'INGÉNIEURS SPÉCIALISTES

F. LOPPÉ, INGÉNIEUR DES ARTS ET MANUFACTURES

SECRÉTAIRE

ÉLECTROSTATIQUE

PAR **Eug. VIGNERON**, INGÉNIEUR-CONSEIL

ANCIEN PROFESSEUR ET ANCIEN SOUS-DIRECTEUR DE L'ÉCOLE SUPÉRIEURE D'ÉLECTRICITÉ

ANCIEN INGÉNIEUR AUX COMPAGNIES DES OMNIBUS ET THOMSON HOUSTON

PARIS

LIBRAIRIE DES SCIENCES ET DE L'INDUSTRIE

L. GEISLER, IMPRIMEUR-ÉDITEUR

1, Rue de Médicis, 1

1909

BIBLIOTHÈQUE NATIONALE R F IMPRIMÉS

PRÉFACE

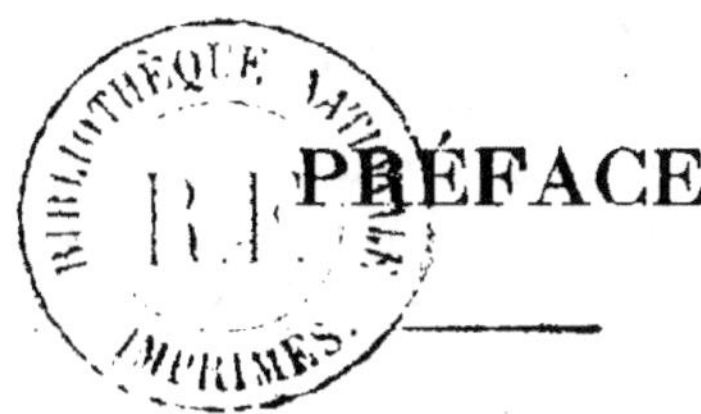
BIBLIOTHÈQUE NATIONALE IMPRIMÉS

Sur les bases des Théories scientifiques

Le but d'une science est de rechercher les rapports *nécessaires* et *quantitatifs* entre les faits observables. En particulier, l'objet des efforts du physicien est la recherche du rapport nécessaire entre deux faits tels que, pour une certaine quantité de l'un, une certaine quantité de l'autre est donnée. C'est le même but, d'ailleurs, que poursuivent les personnes attachées aux problèmes qu'Auguste Comte, dans sa classification des sciences, range dans la catégorie des sciences abstraites.

Les études des phénomènes physiques se réduisent ainsi à la recherche d'égalités numériques; dans l'étude d'une même famille de phénomènes physiques, on pourra distinguer, parmi toutes ces égalités, une ou plusieurs non contradictoires, dont on pourra mathématiquement déduire toutes les autres. Ces égalités de début peuvent même avoir deux origines distinctes : elles peuvent être la conséquence d'une ou plusieurs hypothèses de base expérimentale; ainsi, l'optique a eu pour base, autrefois, l'hypothèse de l'émission et, plus récemment, l'hypothèse de l'ondulation; mais elles peuvent aussi être la conséquence d'une ou plusieurs expériences, *aussi simples que possible*, établissant les rapports nécessaires entre les grandeurs principales, qui se distinguent dans la famille des phénomènes étudiés; ainsi, la

Thermodynamique est basée sur les principes de Meyer et de Carnot. En réalité, on pourrait dire que toujours, dans la base servant à l'étude d'une branche de la physique, rentre une (ou plusieurs) hypothèse, car la manière de procéder aux expériences fondamentales (dont l'énoncé d'un principe sortira) contient toujours, malgré les soins de l'expérimentateur, quelques idées *à priori*, soit dans la façon de traiter les conditions contingentes, soit dans la façon d'interpréter les résultats; nous citerons à l'appui de notre thèse le cas de l'argon qui resta un siècle ignoré, parce que les chimistes ne voulaient voir que de l'azote dans le gaz inerte, résidu de l'absorption de l'oxygène de l'air.

La valeur d'une hypothèse se juge aux conséquences nouvelles que le raisonnement ou le calcul permet d'en tirer; on ne retrouve jamais, au bout d'un calcul bien mené, que l'hypothèse du début de ce calcul, mais sous une forme différente; si donc les conséquences sont toujours en accord avec l'expérimentation physique, c'est une bonne note pour l'hypothèse; mais, dès que des conséquences rationnellement déduites paraissent en désaccord avec les résultats de l'expérience, il faut songer à modifier et même à changer son hypothèse, ou bien examiner de plus près les conditions des expériences fondamentales, servant à justifier les principes sur lesquels la théorie est édifiée.

L'hypothèse ne constitue pas un dogme et rien n'est plus contraire à la raison que de s'entêter à se servir d'une hypothèse, parce que, pour diverses raisons, elle plaît mieux à l'esprit. Quand on sait que des physiciens défendirent, à *cause de sa simplicité extrême*, la loi énoncée par Mariotte, lorsqu'elle fut attaquée avec raison, on reste aussi étonné que si le fameux principe de l'horreur de la nature pour le vide nous était exhumé. Une hypothèse doit être traitée comme un serviteur qui n'est intéressant qu'autant qu'il remplit bien le service qui lui est confié, mais qu'il est utile de faire amender (ou même de changer) quand il ne remplit plus son devoir ou dès qu'on en trouve un plus fidèle.

Une hypothèse ne doit pas être confondue avec une loi naturelle *absolue*, même approchée, ou plutôt, on ne doit considérer une hypothèse qu'à l'égale d'une loi naturelle *provisoire*, adéquate à l'état de progrès de la science. Si cette hypothèse permet d'expliquer et de coordonner simplement tous les phénomènes, elle mérite tous nos égards; toutefois, rien ne permet de conclure que cette hypothèse ait, avec une partie de la formule du monde, une parenté même très éloignée. « Que nous puissions pénétrer jusqu'à une telle cause, considérée comme noumène, c'est ce qu'il ne faut pas supposer, » a dit H. Spencer, dans ses *Essais sur le progrès*. M. H. Poincaré a démontré, dans son ouvrage *Electricité et Optique*, la propriété suivante : « Si un phénomène comporte une explication *mécanique complète*, « il en comportera une infinité d'autres, qui rendront également bien « compte de toutes les particularités révélées par l'expérience. » Ainsi donc, si une hypothèse permet d'expliquer toutes les particularités d'un phénomène, il sera possible de trouver une infinité d'autres hypothèses, permettant la même explication, de sorte que l'hypothèse actuelle est celle, parmi tant d'autres, que les physiciens auraient pu adopter, et ce qui a entraîné son choix, ce sont certainement quelques circonstances contingentes du moment.

Ces contingences du moment qui ont entraîné notre choix, ne viennent pas toutefois du hasard, mais sont bien les conséquences de ce « principe de simplicité » que M. Boussinesq nous montre intervenant chaque fois qu'il devient nécessaire de combler les trous que momentanément offre une théorie. C'est à propos de l'hypothèse implicitement admise dans l'enseignement de l'astronomie sur l'uniformité et la circularité des mouvements planétaires, hypothèse qui consiste à admettre pour toute planète dans son mouvement, par rapport au soleil, une trajectoire fermée et périodiquement décrite, que M. Boussinesq a énoncé ce postulat de simplicité *(Comptes rendus*, n° 1, tome CXLVII).

« C'est une chose vraiment admirable que la facilité naturelle « de l'esprit à accepter les vraisemblances pour des certitudes, sans « même se douter de la confusion ainsi produite, tant que l'expé- « rience ne vient pas la mettre en vue. Privés de cette facilité, il « nous aurait été impossible d'acquérir les connaissances indispen- « sables à la conservation de notre vie. Et l'on voit que, même « dans les études spéculatives, nous n'aurions pu pousser tant soit « peu loin l'explication des idées et des phénomènes, sans l'humble « acceptation, au moins provisoire, des simples vraisemblances, « tant sont bornées nos lumières et imparfaits nos moyens de « connaître.

« Le principe de *simplicité* suffit au bon sens, dans bien des

« cas essentiels pour exclure toute possibilité sérieuse d'erreur et
« produire en nous le sentiment de la certitude. Ce principe se
« confond alors avec celui même d'*économie* ou de *moindre effort*,
« en tant que nous appliquerions ce dernier à nous mêmes, à notre
« propre action »...... « Seul, l'esprit critique, aiguisé et mis en
« défiance par la constatation des multiples erreurs échappés à la
« précipitation de nos jugements, souffre d'avoir à se contenter de
« preuves aussi peu rigoureuses ». — L'esprit trop aiguisé, trop
pointe d'aiguille, subira la conséquence que la remarque de
M. Boussinesq fait prévoir; le désir d'être rigoureux exagérément, si
on peut ainsi s'exprimer, tuera parfois chez le jeune homme les
facultés d'invention à l'âge précisément où, encore primesautier, le
cerveau possède le plus de tendances inventives. Le but pour un
homme de science est d'arriver à mettre en évidence des résultats
nouveaux que l'expérience vérifiera sans trop s'inquiéter de la
légitimité des hypothèses réellement faites ou implicitement admises,
sans même tenir un compte trop grand de la rigueur, souvent un
peu discutable, des démonstrations de début ; la postérité se chargera de la mise au point, du meilleur choix des hypothèses et de
l'impeccable forme des raisonnements.

Le peu de cas fait de l'hypothèse se trouve, d'après M. H. Poincaré *(Electricité et Optique)*, dans l'idée fondamentale de Maxwell.
« Pour démontrer la possibilité d'une explication mécanique de
« l'électricité, nous n'avons pas à nous préoccuper de trouver cette
« explication elle-même, il nous suffit de connaître l'expression des
« deux fonctions T et U qui sont les deux parties de l'énergie, de
« former avec ces deux fonctions les équations de Lagrange et de
« comparer ensuite ces équations avec les lois expérimentales ». —
On est ainsi bien loin des idées que professaient les corps savants,
il y a soixante à soixante-dix ans seulement. Alors on pouvait lire
sous la signature de l'illustre physicien Arago le jugement extraordinaire suivant : « On se demandera comment il est possible que
« Laplace soit parvenu à représenter en nombre les phénomènes
« de l'ascension capillaire en négligeant dans son calcul la vraie,
« l'unique cause de ces phénomènes ; je l'avouerai, il y a là un
« grand scandale mathématique que doivent s'empresser de faire
« disparaitre ceux qui ont le loisir et le talent nécessaires pour
« prononcer entre d'aussi grands esprits que Laplace et Poisson. Il

« y va de l'honneur de la science. » *(*Arago, *Notices biographiques,* tome II, page 633.*)*

Ainsi Arago déclarait que les hypothèses seules de Poisson sur la variation de la densité dans les phénomènes de capillarité représentaient bien la cause *vraie* et *unique* du phénomène ; mais qui avait bien pu lui révéler cela ? — Il ajoutait que c'était un grand scandale d'obtenir des résultats physiques comme conséquences de spéculations non basées sur l'hypothèse orthodoxe du moment; puis il parlait à ce sujet de l'honneur de la science atteint par ce scandale ! Cependant, les esprits modernes approuveront Laplace, trouvant, par les moyens qu'il lui a plu d'employer, de beaux résultats conformes à l'expérience ; ils pourront préférer des méthodes d'exposition plus récentes et plus précises, mais ils ne dédaigneront pas pour cela l'effort du grand astronome.

Il est à remarquer que lorsqu'un cerveau s'est habitué, de longue date, à une hypothèse et à des formes de raisonnement à l'aide de cette hypothèse, il acquiert, à l'égard de cette dernière, une certitude qui le poussera de bonne foi à chercher, par tous moyens, à mettre d'accord l'hypothèse et l'expérimentation, alors que celles-ci auront, depuis longtemps déjà, cessé de faire bon ménage. Le phénomène est d'ailleurs naturel, car l'évidence à l'égard d'une chose, s'acquiert par une accoutumance personnelle ou atavique. C'est ainsi que pour beaucoup de personnes, le principe des forces vives est un axiome, certaines seraient prêtes à le défendre, comme on défend un dogme auquel on s'est laissé inféoder; cependant, comme le fait remarquer Joseph Bertrand, dans la préface de son ouvrage sur la Thermodynamique : « les principes et les lois de la Mécanique ne reposent nulle-« ment sur l'évidence. Dans le partage, autrefois célèbre, de vérités « en nécessaires et contingentes, la Mécanique appartient à la seconde « classe. On peut, sans déraison, imaginer un monde où les machines « produiraient de la force. Le mouvement perpétuel y serait possible. « Il n'existe, *à priori*, aucune preuve qui l'interdise. »

La généralisation du principe des forces vives à tous les phénomènes physiques est-elle bien légitime ? On démontre, en mécanique, que pour les systèmes de corps, dans lesquels les forces qui agissent sur deux quelconques d'entre eux, sont dirigées suivant la ligne qui les joint et ne dépendent que de leur distance, *l'énergie totale du système, somme de l'énergie potentielle et de l'énergie cinétique, demeurera toujours la même, si aucune force n'agit sur le système.* Dans la plupart des cas, on ne démontre pas que les actions des molécules des systèmes de corps étudiés entre elles ou sur l'éther hypothétique, permettent d'ériger le principe des forces vives, en vérité physique, et la tendance générale chez les Physiciens, après des travaux récents, est d'être plus circonspect sur ce point.

Il semble que lorsqu'une théorie est basée sur les résultats d'expériences fondamentales et que, sur les principes déduits, il est possible d'appliquer le principe des forces vives, comme cela a lieu d'ailleurs, pour les théories ordinaires de l'Électricité et du Magnétisme, il semble que l'objection précédente ne peut plus être opposée ? Et, cependant, si à un moment déterminé, on arrive à des résultats expérimentaux en désaccord avec les principes fondamentaux admis, ou bien avec le principe de la conservation de l'énergie, que devra-t-on conclure ? Il est certain, ainsi que le dit excellemment Tait, dans ses conférences sur quelques-uns des progrès de la Physique, que : « En physique, il n'y a rien à apprendre *à priori*. Nous n'avons aucun « droit d'affirmer une seule vérité physique, sans lui donner une base « expérimentale, à moins que ce soit une conséquence nécessaire « d'autres vérités déjà acquises par l'expérience; dans ce cas, un rai-« sonnement mathématique seul suffit. ». Mais il est nécessaire que *cette base expérimentale soit incontestable, qu'on n'ait rien oublié dans les conditions de l'expérience*, et que l'expérimentateur n'ait pas, *de bonne foi*, interprété les résultats en se laissant influencer par des idées *à priori*, toutes choses dont on ne peut jamais répondre; l'exemple célèbre, déjà cité, de l'argon, passant inaperçu pendant les expériences que d'éminents chimistes firent sur l'air, un siècle durant, montre combien est exacte cette objection dernière. Si donc, on s'aperçoit, à un moment déterminé, que les derniers phénomènes soumis à l'expérience sont en désaccord avec les principes tirés des expériences fondamentales, on devra conclure que les expériences fondamentales sont incomplètes, contestables ou mal interprétées, et qu'il faut les analyser avec soin. En somme, on peut poser comme règle que, les principes énoncés exprimant la vérité avec une certaine approximation inconnue A, la théorie, qui sera basée sur ces principes, expliquera tous les phénomènes étudiés avec une autre approximation variable B *suffisante*; dès que les physiciens seront en présence de phénomènes que la théorie ne pourra plus prévoir avec une approximation *suffisante*, il leur faudra examiner les principes fondamentaux avec soin, de façon à les faire approcher de la vérité avec une approximation inconnue A′ $>$ A, pour qu'il résulte dans l'explication de chacun des phénomènes *connus* une approximation *suffisante* B′ $>$ B, et ainsi de suite. Le système des hypothèses et des principes tirés des expériences fondamentales suivra donc, avec le temps, les lois d'évolution de tout organisme ; loin de se simplifier, il passera de l'homogénéité à l'hétérogénéité ; certes, chaque branche de physique tendra, de plus en plus, à voisiner avec toutes les autres branches, *peut-être même, toutes les branches de la Physique sembleront tendre vers une explication commune,* mais cette apparente simplification sera largement compensée par une multiplicité dans la différentiation de phénomènes et par le nombre des conceptions sur la nature des entités servant de grandeurs physiques.

Dans la partie de la physique qui s'occupe de l'électricité et du magnétisme, on traite séparément, dans l'enseignement, l'électricité et le magnétisme, et aucune hypothèse sur la nature intime des phénomènes n'est utilisée. On se sert, pour l'une et l'autre branche, de résultats d'expériences élémentaires (expériences de Coulomb), et, les principes qu'on en déduit permettent de considérer comme légitime le principe des forces vives. Les deux branches de phénomènes, électricité et magnétisme, forment ainsi au début, deux domaines distincts, sans aucune liaison entre eux ; une loi, celle de Laplace (ou celle d'Ampère sur les feuillets magnétiques ou une autre), permettra de jeter un pont entre les deux domaines ; certes, l'établissement de cet ensemble théorique donne l'impression d'un grand effort, l'enchaînement des chapitres paraît quelquefois pénible ; cependant, les théories actuelles ont fait faire à la science un progrès merveilleux, mais rien n'indique qu'elles soient définitives et qu'un avenir prochain ne marquera pas l'éclosion de nouvelles théories, plus aptes à expliquer certains phénomènes récents, sur la nature desquels règne l'incertitude. Tout est basé sur les remarquables expériences de Coulomb ; or, rien n'assure que les lois tirées de ces expériences ne sont vraies qu'à la façon dont était exacte la loi d'isochronisme du pendule énoncée par Galilée, sans tenir compte de l'amplitude de la déviation.

Nous avons tenu à développer, en cette préface, une étude sur le choix des hypothèses de la physique, car, trop ordinairement, on arrive à les considérer, à tort, comme des parcelles de vérité arrachées au bloc des causes premières.

Nous exposerons, sauf sur certains points, dans le cours de cet ouvrage, les théories classiques qui permettent d'ailleurs de prévoir et de calculer tous les phénomènes qu'utilise l'industrie moderne de l'électricité. Nous reconnaissons avoir puisé de nombreux renseignements dans divers bons ouvrages, traitant de la matière ; nous nous appliquerons de *notre mieux* à faire mention des emprunts que nous aurons pu faire.

Nous passerons très rapidement sur les expériences anciennes, en donnant toutefois assez de détails pour que le lecteur puisse se faire une idée nette sur ces préliminaires, sans être contraint de recourir à d'autres ouvrages.

TABLE DES MATIÈRES

BIBLIOTHÈQUE NATIONALE R.F. IMPRIMÉS — Paris

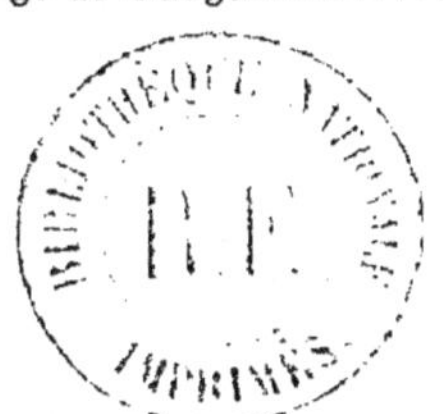

CHAPITRE PREMIER

Rappel des notions prélémentaires et des premiers phénomènes

Six cents ans avant l'ère chrétienne, Thalès de Milet savait déjà que par le frottement, l'ambre devenait susceptible d'attirer les corps légers, tels les débris de feuilles sèches ou les brins de paille. Le phénomène fut généralisé par Gilbert, au commencement du xviie siècle ; cet observateur reconnut que l'ambre n'était pas la seule substance à jouir de cette propriété, mais que le verre, la résine, la soie présentaient le même phénomène. On attribue cette propriété d'attirer les corps légers à un agent particulier auquel on donne le nom d'électricité ; nom tiré du grec ελεκτρον, qui veut dire ambre.

Cette propriété n'appartenait pas à tous les corps, du moins lorsqu'on essayait de répéter l'expérience sans précautions. Ainsi, un morceau de métal tenu à la main et frotté, n'attirait pas les corps légers. Les corps capables d'acquérir la propriété électrique furent appelés idio-électriques, et ceux rebelles à l'électricité furent désignés sous le nom de anélectriques.

Expériences de Gray. — Le fait de donner un nom à un phénomène n'a jamais rien appris sur la nature du phénomène, aussi fallut-il attendre deux cents ans pour acquérir une idée nouvelle, grâce à une découverte de Gray en 1727. Gray, ayant mis à l'extrémité d'un tube de verre un de ces corps que le frottement n'avait jamais pu électriser, un bouchon de liège, et ayant frotté l'ensemble, fut étonné de reconnaître que le liège lui-même, dans ces conditions, attirait les corps légers.

Cet agent électricité possédait donc la propriété de se communiquer du corps frotté, le verre, au bouchon de liège; on assimila, au xviiie siècle, l'électricité à un fluide. Gray ayant recommencé son expérience en remplaçant le liège par divers corps, reconnut qu'elle réussissait avec tous ceux que Gilbert avait appelé anélectriques, et échouait avec tous les autres. Gray en tira alors la loi suivante : Les corps anélectriques laissent se propager dans leur masse l'électricité à toute distance de la source qui l'a fournie; pour cette raison ils furent appelés bons conducteurs de l'électricité. Les corps idio-électriques résistent à toute propagation de l'électricité, ils ne s'électrisent qu'aux points seuls où le frottement s'est exercé; pour cette raison ils furent appelés mauvais conducteurs de l'électricité.

Voici deux listes des corps bons conducteurs et mauvais conducteurs.

Corps bons conducteurs : Métaux, végétaux humides, air humide, le sol, la plombagine, le fil de lin, la vapeur d'eau, le corps des **animaux**, l'eau acidulée, les solutions salines et le charbon calciné.

Corps mauvais conducteurs : L'ambre, le verre, la résine, **la gomme** laque, le soufre, le mica, les gommes, la cire, l'air sec et les **végétaux** secs.

Si un corps bon conducteur est mis en contact avec le sol, il perd son état électrique, car il partage avec la terre son électricité, et comme il est infiniment petit par rapport à la terre, la quantité qui lui revient après son contact est infiniment faible. Si on veut empêcher la déperdition de l'électricité dans un corps bon conducteur, on devra le soutenir par un corps mauvais conducteur, qu'on appelle aussi, pour cette raison, *corps isolant.*

On s'explique alors la cause des insuccès des contemporains de Gilbert ; les corps que Gilbert appelait anélectriques (et que nous appelons bons conducteurs) s'électrisaient par le frottement, mais tenus à la main, ils étaient ainsi en communication avec le sol par l'intermédiaire du corps, et l'électricité développée par le frottement s'écoulait dans le sol au fur et à mesure de sa production. En se plaçant dans de meilleures conditions, c'est-à-dire en ne faisant l'expérience sur chaque corps qu'après l'avoir fixé à l'extrémité d'un bâton de verre destiné à l'isoler de la main, on reconnaît que tous les corps s'électrisent plus ou moins par le frottement avec une peau de chat bien séchée préablement.

Hypothèse de deux fluides électriques. — Quelques années plus tard,
le physicien français Dufay mit en évidence de nombreux phénomè-

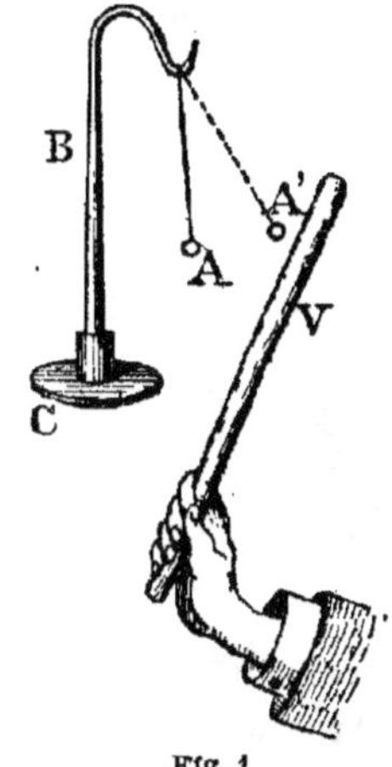

Fig. 1

nes intéressants. Supposons (fig. 1) une tige de
verre verticale B, recourbée à sa partie supérieure,
et soutenant, à l'aide d'un fil de soie, une boule
de sureau argentée; l'autre extrémité de la tige
de verre est maintenue par un pied C, sur
lequel tout l'appareil repose. En résumé la boule
de sureau, bonne conductrice, peut jouer le rôle
de pendule, tout en restant sans cesse isolée du
sol par le fil de soie et la tige de verre.

Nous pouvons constater qu'un bâton de verre
V, frotté avec de la flanelle préablement bien
séchée, *attire* la boule A lorsqu'on l'approche de
celle-ci. Si la boule A vient à toucher le verre,
elle s'électrise par contact, et comme elle est
isolée du sol, elle garde son électricité, même lorsque le bâton de verre
cesse de la toucher. Si, après avoir ainsi électrisé la boule A, nous
approchons à nouveau le bâton de verre, un fait nouveau se produit :
la boule A est nettement *repoussée* par le bâton de verre. Si de cette
boule A, toujours électrisée, nous approchons un bâton de résine frottée avec une peau de chat bien sèche, nous voyons la balle de sureau
vivement attirée. Il est donc clair que l'électricité de la résine agit
d'une façon différente de l'électricité du verre. Les physiciens ont
appelé fluide résineux ou négatif celui qui se manifeste par le frottement de la résine sur la peau de chat, et le nom de fluide vitré ou
positif a été donné à celui qui se manifeste par le frottement du verre
sur de la flanelle. Les physiciens du XVIIIe siècle énoncèrent ces deux
lois : Les électricités de même nom se repoussent et les électricités de
noms contraires s'attirent.

On peut mettre en évidence que les deux fluides électriques se développent en même temps de la façon suivante : On prend deux plateaux
V et N (fig. 2), le premier en verre et le second en verre recouvert de
flanelle; on les frotte l'un contre l'autre en les tenant par des manches
de verre; on constate que les parties frottées, le plateau V et la flanelle

du plateau N, s'électrisent, mais qu'elles se chargent d'électricité de noms contraires. Pour le constater, on approchera successivement la face frottée de chaque plateau du pendule représenté par la figure 1,

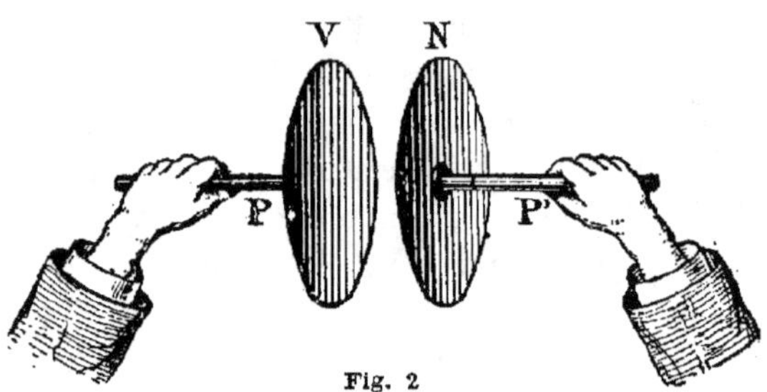

Fig. 2

après avoir préablement chargé la balle de sureau d'électricité positive; on constatera alors que le plateau de flanelle attire la balle de sureau et qu'au contraire le plateau de verre la repousse, et la proposition sera démontrée. En faisant varier les conditions de l'expérience, on pourra constater la généralité des phénomènes qui avaient induit les anciens physiciens à adopter une nouvelle hypothèse pour expliquer le mécanisme du développement de l'électricité par le frottement. Ils admettaient que, dans tous les corps, existent les deux électricités en proportion telle, que l'action de l'une est égale et de signe contraire à l'action de l'autre. Cet ensemble des deux électricités co-existantes avait reçu le nom de fluide neutre, en opposition avec chacune des deux électricités considérées séparément qui avaient reçu le nom de fluides libres. Le rôle du frottement avait comme effet de séparer les fluides combinés ; sur l'un des corps apparaissait du fluide positif et sur l'autre du fluide négatif, sur chacun des corps il restait hypothétiquement du fluide neutre non décomposé.

Phénomène d'électrisation par influence. — Un corps *bon* conducteur ne se chargera pas d'électricité seulement par le contact, car, mis dans le voisinage d'un corps électrisé, il se chargera lui-même à distance.

On peut mettre ce phénomène en évidence à l'aide d'un appareil très simple (fig. 3). Un cylindre métallique vertical A B est soutenu par une tige isolante en verre ou en ébonite. A chaque extrémité de ce cylindre, des balles de sureau sont fixées à l'aide de fils conducteurs flexibles (du lin par exemple). Sous le cylindre, et placée de façon symétrique, se trouve une sphère S, soutenue par une tige isolante.

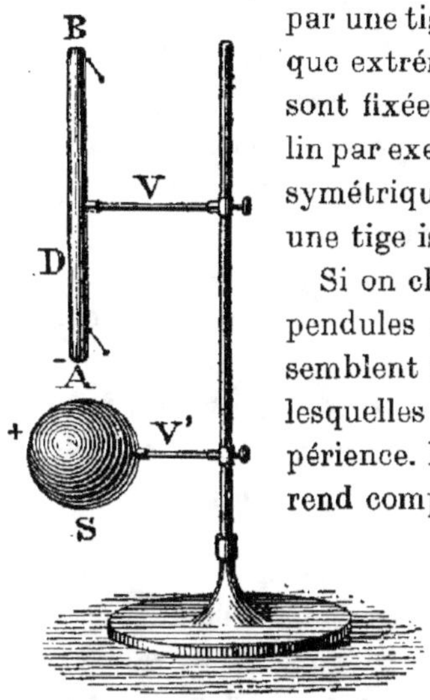

Si on charge la sphère S d'électricité, les petits pendules en sureau divergent immédiatement, et semblent repoussés par les parties du cylindre avec lesquelles ils étaient en contact au début de l'expérience. Le cylindre A B est donc électrisé. On se rend compte que la position verticale du cylindre A B est préférable à la position horizontale, car avec cette dernière position, on ne pourrait affirmer l'électrisation de A du fait de la déviation.

Fig. 3

Pour analyser la distribution de l'électricité sur le cylindre A B, supposons qu'on ait chargé la sphère S d'électricité positive ; on constate qu'un bâton de résine frotté avec de la laine repousse le pendule A, tandis que le verre frotté avec de la laine repousse le pendule B. L'extrémité du cylindre la plus voisine de la sphère est donc chargée d'électricité de nom contraire à l'électricité de la sphère, tandis que l'extrémité la plus éloignée est chargée d'électricité de même nom que celle qui charge S.

On expliquait ainsi autrefois le phénomène à l'aide de la théorie des fluides. Le fluide positif de la sphère agit à distance sur le fluide neutre du cylindre, il attire l'électricité négative qui se localise aux parties du cylindre voisines de la sphère, l'électricité négative est repoussée dans les points les plus éloignés. Il ne faut voir évidemment, dans cette explication, qu'un procédé mnémotechnique d'analyser le phénomène.

Si le cylindre influencé possède des pendules avec boules de sureau suivant toute sa largeur, on constate que vers la position milieu de ce cylindre une ligne existe correspondant à une non divergence des petits pendules; cette ligne a été appelée la *ligne neutre*. Le phénomène de divergence des pendules est d'ailleurs continu, la divergence maxima aux environs de la sphère influençante diminue jusqu'à devenir nulle au passage de la ligne neutre, puis la divergence augmente sans cesse à partir de cette ligne jusqu'à l'extrémité du cylindre la plus éloignée de la sphère influençante.

Si on augmente la charge de la sphère influençante, la divergence de chaque petit pendule augmente, cette divergence diminue dans le cas contraire.

Si on éloigne à une grande distance du cylindre la sphère influençante ou qu'on la décharge, le phénomène d'influence sur le cylindre disparaît; il renaît, si on électrise à nouveau la sphère S placée aux environs du cylindre.

Électrisation des conducteurs à l'aide du phénomène d'influence. —

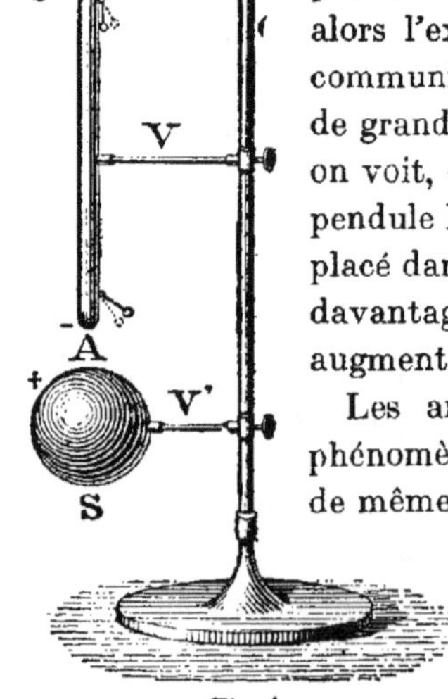

Lorsque le cylindre se trouvera, de nouveau, en présence de la sphère, les deux pendules placés en A et en B divergeront. Si on met alors l'extrémité la plus éloignée de S en communication avec un corps conducteur de grandes dimensions, en général la terre, on voit, dès le début de cette opération, le pendule B retomber, tandis que le pendule placé dans le voisinage de la sphère S diverge davantage, indiquant que la charge en A a augmenté.

Les anciens physiciens expliquaient le phénomène (fig. 4) en disant que l'électricité de même nom que celle qui charge la sphère influençante S étant rejetée dans les parties les plus éloignées du corps influencé, comme ce dernier est composé du cylindre A B et

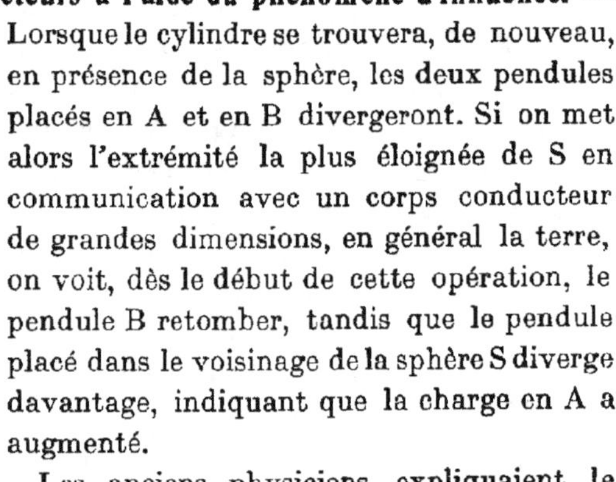

Fig. 4

de la terre, c'est dans la terre que l'électricité de même nom que celle du corps influençant était rejetée ; de sorte que si on enlevait le doigt, on devait constater que le cylindre A restait chargé d'électricité de nom contraire à celle qui charge la sphère influençante. C'est ce qu'on peut d'ailleurs constater expérimentalement.

Ce dernier résultat mérite l'attention, car il montre qu'on peut, avec un corps chargé d'électricité négative, charger par influence un autre corps d'électricité positive et inversement. Cette propriété va nous permettre de comprendre le phénomène de l'appareil dit électrophore et le fonctionnement de l'électroscope à feuilles d'or.

Électrophore. — L'électrophore se compose (fig. n° 5) d'un gâteau de résine ou d'une plaque de matière très isolante, telle que l'ébonite

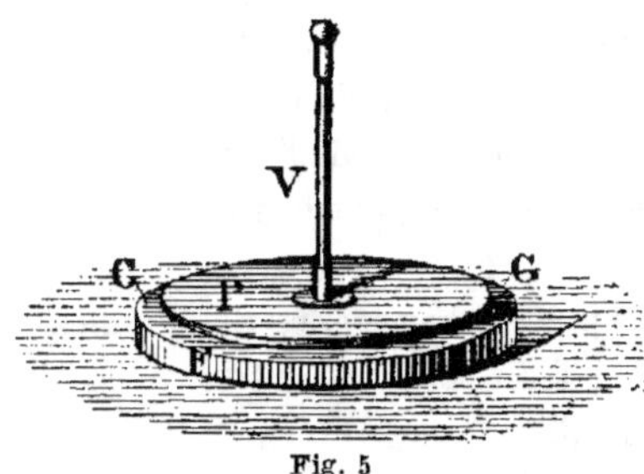

ou autre produit fabriqué pour le même usage que l'ébonite ; ce gâteau (ou cette plaque) est logé dans une cuvette en bois ou en métal. Enfin l'appareil est complété par un disque métallique d'un diamètre un peu moins grand que le diamètre du gâteau, susceptible d'être manié par un manche

Fig. 5

tible d'être manié par un manche isolant V. En battant avec une peau de chat la surface du gâteau, on la charge d'électricité négative ; si on y dépose alors le plateau métallique, celui-ci s'électrise par influence, si on met un seul instant ce plateau en communication avec le sol par un des points de la partie externe ; il garde seulement l'électricité positive, c'est-à-dire celle de signe contraire à celle dont le gâteau de résine est chargé. Si on enlève le plateau par le manchon, on aura à sa disposition une charge positive, utilisable à sa volonté. Dans cette suite d'opérations, le gâteau de résine reste toujours chargé d'électricité négative, de sorte qu'on peut recommencer la charge du plateau autant qu'on le voudra. C'est la machine électrostatique la plus rudimentaire.

Électroscope à feuilles d'or. — Cet appareil de repérage, plutôt que de mesure, est basé sur le même phénomène de l'influence.

Il est composé (fig. n° 6) d'une tige en métal que termine une boule B (ou bouton) à sa partie supérieure; à sa partie inférieure se trouvent deux feuilles très légères en or qui, au repos, pendent parallèlement.

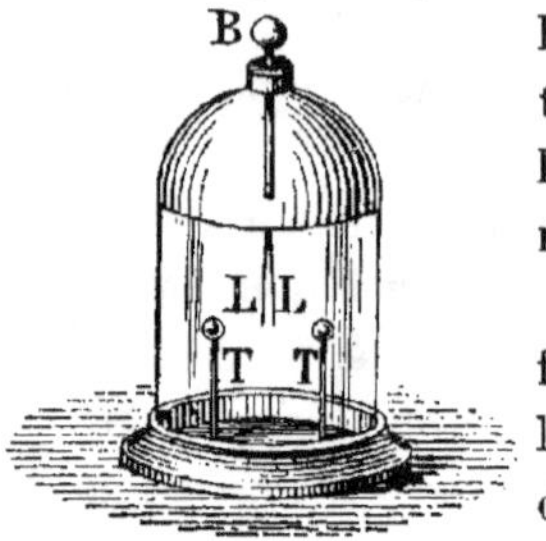

Fig. 6

Cet ensemble doit être isolé de façon parfaite. Pour atteindre ce but, on fait traverser la tige dans un bouchon de paraffine servant de fermeture à la tubulure d'une cloche reposant sur un plateau métallique. La surface extérieure de la cloche doit être conductrice et en communication avec le sol; en général, le verre toujours chargé d'humidité suffit pour assurer la conduction, toutefois lorsqu'on veut agir avec précision, il est utile de recouvrir la cloche d'une feuille d'étain en ménageant des fenêtres pour voir les mouvements des feuilles d'or. La cloche met les feuilles à l'abri des mouvements de l'air et permet, par l'emploi d'une soucoupe remplie de chaux, d'opérer dans une atmosphère bien sèche.

On placera à l'intérieur et dans le plan de divergence des feuilles, deux petites tiges métalliques verticales T en communication avec le plateau métallique qui supporte l'appareil.

Pour reconnaître si un corps est électrisé, on l'approche au-dessus du bouton, immédiatement se produira une divergence des feuilles si le corps est électrisé; en effet, les feuilles, par influence, se chargeront d'électricité du signe de celle qui charge le corps et devront s'écarter, puisque les électricités de même nom se repoussent. Pour reconnaître la nature de l'électricité, on agira de la façon suivante. Pendant que le corps est approché, on touchera un instant le bouton avec le doigt, les feuilles retomberont pour diverger à nouveau dès qu'on retirera le doigt; elles sont alors chargées d'électricité de nom *contraire* à celle du corps présenté. On écartera les corps et on présentera, *avec beaucoup de précautions et très lentement*, un corps chargé d'une électricité connue, par exemple un bâton de verre frotté avec du drap, qui est toujours chargé positivement ; ce corps agissant par influence, développera de l'électricité négative dans le bouton et de l'électricité positive dans les feuilles d'or. Si donc la divergence des feuilles augmente, c'est qu'elles étaient déjà chargées positivement, et le corps à l'étude était chargé négativement ; si, au contraire, cette divergence diminue, c'est que ces feuilles étaient chargées d'électricité négative et que le corps à l'étude était chargé positivement.

Si le rapprochement du dernier corps témoin était trop brusque, on risquerait de ne pas distinguer nettement l'allure des feuilles d'or.

L'électricité se porte à la surface des conducteurs en équilibre électrique. — L'électricité se porte tout entière à la surface des corps conducteurs en équilibre ; nous allons indiquer d'abord les démonstrations expérimentales du phénomène, plus loin nous exposerons une méthode analytique de démonstration basée sur les lois fondamentales de Coulomb ; la démonstration analytique que nous en donnerons sera sujette à des critiques ; il nous suffira d'avertir les lecteurs que les démonstrations très rigoureuses des divers théorèmes électrostatiques ont été faites, mais que leur exposition délicate ne peut entrer dans le cadre du présent ouvrage.

1º Une sphère S, soutenue par un pied isolant I (fig. nº 7), est chargée d'électricité par suite de son contact avec le plateau d'un

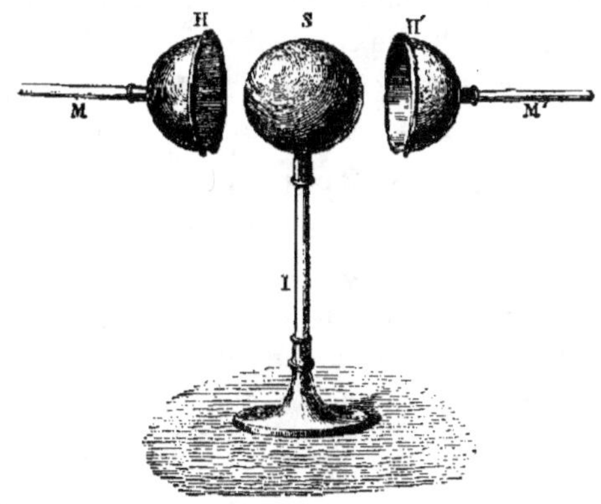

. Fig. 7

électrophore ou, plus généralement, par son contact avec une source quelconque d'électricité. On le recouvre de deux hémisphères H et H' qui l'emboîtent très largement et qui peuvent être maintenus par des manches isolants. Les hémisphères réunis, on les abaisse de façon à toucher S en un point, puis on les soulève et on les écarte avec soin en *évitant* de *toucher* la sphère en cette dernière étape de l'opération. Si on approche chaque hémisphère de l'électroscope, on reconnaît qu'ils sont électrisés, tandis que la sphère S approchée de l'électroscope ne fait pas écarter les feuilles d'or. Lorsqu'on a touché la sphère avec les hémisphères, ceux-ci ont formé la surface externe de l'ensemble, toute l'électricité s'est |portée sur eux; en enlevant les hémisphères, on a donc enlevé l'électricité qui était primitivement sur S.

2° On prend un conducteur creux isolé de forme quelconque, une sphère isolée par exemple (fig. n° 8); ce conducteur présente une ouverture par laquelle on peut introduire dans l'intérieur une sphère d'épreuve. Une sphère d'épreuve est une petite balle de sureau portée à l'extrémité d'une tige de verre ou d'ébonite. On électrise le conducteur, puis on touche l'extrémité de ce conducteur avec la sphère d'épreuve, on soulève celle-ci, on reconnaît qu'elle est électrisée. Au contraire, si on touche l'intérieur du conducteur avec la sphère d'épreuve, on reconnaît, après l'avoir retirée avec soin, qu'elle ne contient aucune charge électrique. Si le conducteur creux avait été électrisé par influence, on eût constaté les mêmes phénomènes.

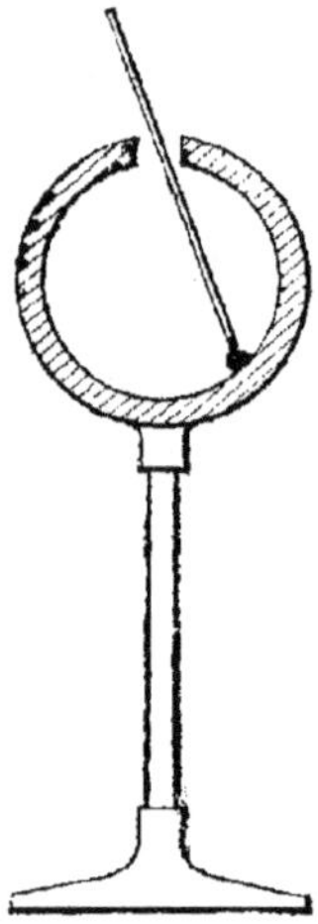

Fig. 8

3° Faraday (1) établissait expérimentalement la même propriété en se servant d'un sac de la forme d'un cône de révolution (fig. n° 9) tout à fait semblable à un sac à papillons. Ce sac était tissé avec du lin ou du chanvre; de cette façon le filet était constitué par une matière conductrice. A la pointe S du cône sont attachés deux fils de soie F et F'. On

---

(1) Faraday, chimiste et physicien anglais, né à Newington-Butts près de Londres en 1791, mort à Hampton-Court en 1867. Il fut élève préféré de Davy.

charge le filet d'électricité, puis on le touche à l'extérieur avec une sphère d'épreuve qu'on reconnaît immédiatement être chargée, car elle attire les corps légers. La sphère d'épreuve permet de constater

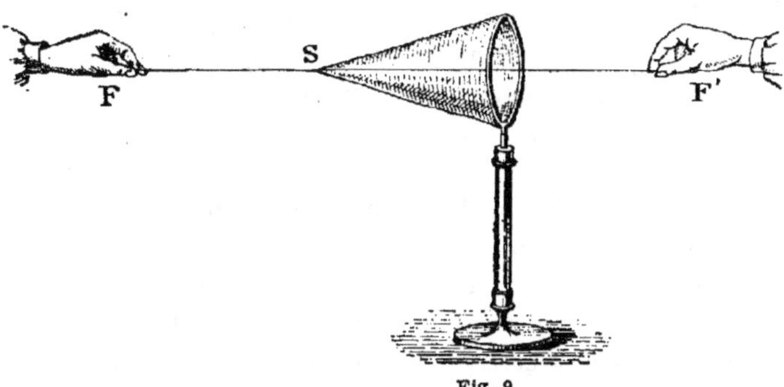

Fig. 9

que l'intérieur du sac n'est pas chargé. En tirant le fil, on retourne complètement le sac, et aussitôt on constate que la surface devenue externe est électrisée, tandis que l'autre est à l'état neutre.

4° Faraday avait poussé plus loin l'investigation ; il avait construit une chambre limitée par des parois conductrices et isolée par des pieds en verre bien sec. Cette chambre était assez vaste pour qu'un observateur puisse s'y maintenir. On chargeait de l'extérieur la chambre et on constatait que, si grande que soit la charge, il était impossible à l'intérieur de relever, même avec des instruments d'une extrême délicatesse, la moindre trace d'électricité sur la surface, ni de constater la moindre action électrique. Cette expérience est la plus probante des quatre développées ici, car les parois de la chambre pouvaient être prises de faible épaisseur.

En résumé, dans *les cavités d'un corps électrisé, en équilibre électrostatique, il n'y a ni électricité ni action électrique.* C'est la seule conséquence incontestable qu'il est possible de tirer de ces diverses expériences; cependant on a toujours conclu de ces expériences que l'électricité est toute entière sur la surface extérieure. *Des démonstrations rigoureuses* tirées de l'application des lois de Coulomb permettent ces conclusions, et on peut ainsi les accepter avec la même sécurité que les lois de Coulomb, mais jamais les expériences précédentes n'ont démontré que l'électricité est toute *entière* sur la surface extérieure d'un conducteur en équilibre électrique. On aurait pu aussi bien conclure que dans tout conducteur électrique en équilibre, la densité volumique électrique en un point (masse par unité de volume) variait d'une quantité finie à zéro suivant une certaine loi, lorsque le point considéré suivait un chemin le menant de la surface externe à la surface interne du conducteur.

L'Électricité s'accumule sur les pointes. — Si on prend un conducteur électrique muni d'une pointe, le corps se décharge par cette pointe jusqu'à ce qu'il arrive à l'état neutre. Si le conducteur est en communication avec une source qui lui restitue sa charge au fur et à mesure, l'écoulement électrique est continu et peut être illustré par une expérience (fig. nº 10). Il se manifeste dans cette expérience des

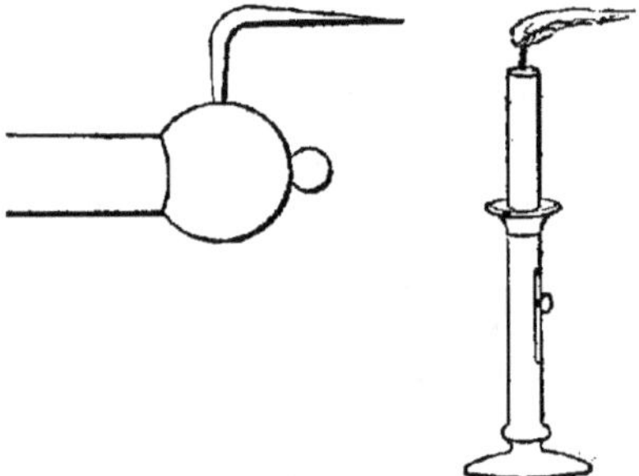

Fig. 10

phénomènes lumineux visibles dans l'obscurité, et un déplacement d'air qu'on a appelé *vent électrique*. Si par la pointe s'échappe de l'électricité positive, on remarquera la présence d'une aigrette violacée, mais quand par la pointe s'échappe de l'électricité négative, on peut voir à l'extrémité de la pointe une petite étoile très brillante. Le vent électrique est produit par la répulsion de la pointe sur les particules d'air sur lesquelles la pointe a déchargé son électricité. Le vent électrique peut être assez intense pour éteindre une bougie. Si la pointe est mobile, elle tend à fuir en sens contraire du sens du vent (tourniquet électrique) (fig. 11).

Étincelle. — Chaque fois qu'à travers un milieu isolant, l'électricité passe d'un corps sur un autre, une étincelle marque le passage du fluide hypothétique.

La nature de l'étincelle dépend de certaines circonstances qui accompagnent sa production. Plus loin, nous verrons, après avoir dé-

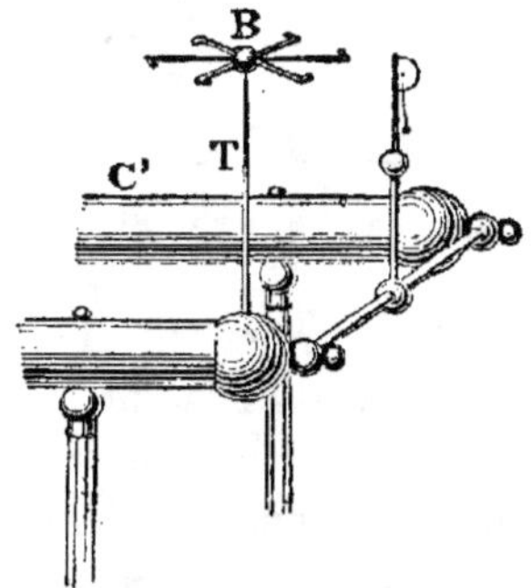

Fig. 11

fini certaines caractéristiques appelées tension et quantité, qu'une étincelle à haute tension, mais avec faible quantité, est longue et grêle, tandis qu'une étincelle à faible tension, mais avec notable quantité, est courte, lumineuse et bien nourrie.

CHAPITRE II

Définition quantitative de l'électricité. — Travaux de Coulomb. — Sa balance.

Lois de Coulomb. — Les hypothèses du chapitre précédent expliquent divers phénomènes, mais les lois énoncées n'étant que *qualitatives*, il serait impossible d'aller beaucoup plus loin avec leur aide seul. Pour avancer utilement, besoin est d'analyser *quantitativement* les phénomènes et, tout d'abord, de définir comme grandeurs mesurables, les entités nouvelles qui vont servir à caractériser l'ensemble du phénomène.

C'est l'honneur de Coulomb (1) d'avoir, le premier, introduit la mesure dans l'étude des phénomènes électriques, en exprimant la loi qui porte son nom et qui est ainsi énoncée : *la force qui s'exerce entre deux masses concentrées chacune en un point est dirigée suivant la ligne qui joint les deux points ; elle est proportionnelle au produit des masses et inversement proportionnelle au carré de leur distance.*

Avant de décrire les expériences de ce savant, nous rappellerons quelques notions nécessaires sur la mesure des grandeurs.

On dit qu'une espèce de grandeur est mesurable, c'est-à-dire susceptible de figurer dans les égalités arithmétiques (ou algébriques), lorsqu'on peut :

1º Définir nettement l'égalité de deux grandeurs de cette espèce.

2º Deux grandeurs de cette espèce étant données, trouver une troisième grandeur qui puisse sans ambiguïté être considérée comme la somme des deux premières.

---

(1) A. de Coulomb, né à Angoulême en 1736, officier du Génie, membre de l'Académie des Sciences en 1782, mort à Paris en 1806.

Pour définir l'électricité en tant que grandeur mesurable, il fallait trouver une caractéristique de cette entité, susceptible d'être définie sous le rapport de *l'égalité* et de la *somme*. Coulomb dira que deux sphères *conductrices* égales, de *nature absolument identique*, également isolées du sol, auront une même charge électrique au moment précis où elles cesseront d'être en contact; cette définition de l'égalité de charge électrique satisfait d'ailleurs l'esprit.

Coulomb dira (ou avait implicitement dit) que : si on considère deux sphères conductrices, isolées du sol, l'une P, chargée d'électricité, l'autre R, à l'état neutre, si on met ces deux sphères en contact et qu'on les écarte, la somme des charges électriques de P et R sera, à ce moment, égale, *par définition*, à la charge électrique que possédait P au début de l'opération.

Coulomb, avant de procéder aux expériences électriques qui nous occupent, avait démontré avec beaucoup de soins, les lois mécaniques relatives à la torsion des fils métalliques. Coulomb avait démontré que, dans les limites d'élasticité du fil, le couple de torsion du fil était exactement proportionnel à l'angle de torsion.

Balance de Coulomb. — Le principe de la méthode de Coulomb consiste à étudier les attractions et les répulsions de deux petites sphères conductrices isolées, mais électriquement chargées, l'une A, restant fixe et l'autre B, placée à l'extrémité d'une très légère aiguille en gomme laque (matière isolante) ; cette aiguille est attachée en son centre de gravité à un fil métallique FF′ (fig. 12).

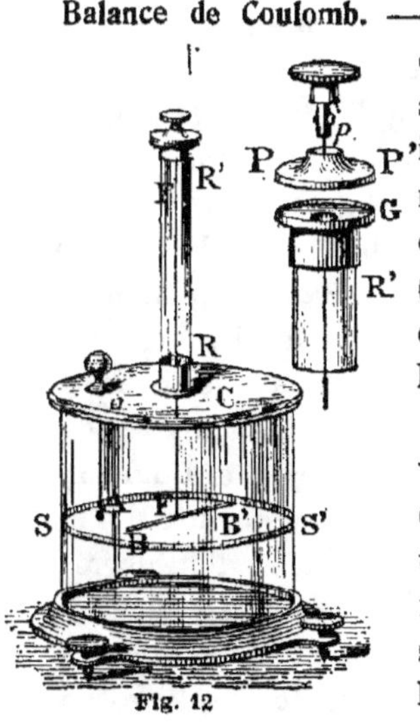

Fig. 12

L'ensemble est placé dans une cage de verre, formée par un cylindre de grand rayon, dans lequel l'aiguille peut se déplacer, et d'un tube R R′ vertical, dont l'axe coïncide avec le fil métallique. La cage répond aux désiderata suivants : 1° elle protège l'appareil contre les mouvements de l'air; 2° elle permet d'avoir une atmosphère bien sèche et, par suite, très isolante, car l'air se dessèche au contact d'une soucoupe contenant de la chaux vive; 3° elle supporte des divisions en degrés S S′, placées à la hauteur de l'aiguille, pour permettre de lire les déviations de celle-ci ; 4° par un trou O, dont son couvercle est percé, on peut introduire, à la même hauteur que la boule B, la boule A, dont il a été parlé plus haut; le bouchon qui ferme O sert à maintenir A par une tige légère isolante.

Au sommet du tube se trouve une garniture métallique G, dans laquelle un chapeau de laiton P P′ peut venir se loger; ce chapeau n'a de fond qu'à la partie postérieure, ce fond supporte une pince p, qui maintient serré le fil F F′. Le chapeau de laiton P P′ entraîne, dans sa rotation, la pince qui tourne du même nombre de degrés que lui-même; la pince, toutefois, peut tourner indépendamment du chapeau. Le contour inférieur du chapeau P P′ est divisé en degrés, qui se présentent successivement en regard d'un repère marqué sur la garniture G, lorsqu'on fait tourner P P′.

Expériences de Coulomb. — Au commencement des opérations, on dispose ainsi l'appareil : le zéro de l'échelle des divisions marquées sur le chapeau PP′ sera placé en face du repère; en agissant sur le couvercle C, on amènera le milieu de la sphère A en coïncidence avec le zéro de la graduation S S′, il n'y aura plus qu'à agir sur la pince p *seule*, pour faire arriver le milieu de la sphère B devant le même zéro, après avoir, bien entendu, enlevé la balle A. L'appareil ainsi préparé, le mode opératoire est le suivant : on enlève la balle A de la balance et on la met en contact avec une source électrique; après quoi, on la replace soigneusement dans la balance, elle touche ainsi B, qui est immédiatement repoussée; après quelques oscillations, la balle B finit par s'arrêter à une certaine position, on peut lire l'angle α de torsion du fil sur la graduation S S′. Dans une expérience, Coulomb obtenait $\alpha = 36°$, ce qui indiquait que le couple de torsion du fil était égal à 36 fois le couple f nécessaire pour tordre le fil d'un degré.

Pour faire varier la distance, Coulomb agissait sur le chapeau P P′ aux fins de tordre le fil métallique, de façon à faire rapprocher la boule B de la boule fixe A; on cesse la torsion lorsque les deux sphères ne sont plus distantes que de 18°; l'expérience montre qu'il a fallu faire tourner le chapeau P P' d'un angle de 126°, autrement dit, si aucune action électrique n'existait entre les sphères A et B, la boule B serait de l'autre côté de sa position actuelle et devant la division — 126°, c'est-à-dire que la torsion du fil serait de 126° + 18° = 144°, soit 4 × 36°, le couple de torsion est donc quatre fois plus considérable que dans la première expérience, ce qui indique que la force répulsive agissant sur B est quatre fois plus considérable lorsque la distance qui sépare A de B est devenue deux fois plus petite; en renouvelant l'expérience pour d'autres distances, on vérifie que : *les répulsions électriques varient proportionnellement à l'inverse du carré des distances.*

En réalité, le calcul précédent soulève les critiques suivantes : la force répulsive que la sphère A exerce sur B est dirigée suivant le prolongement B L de A B (Coulomb admettait que les répulsions entre A et B avaient lieu suivant la droite qui joint ces deux points) tandis que, dans les vérifications du paragraphe précédent, on la suppose dirigée (fig. 12bis) suivant B T, le raisonnement est donc, de ce fait, en défaut. On a :

$$B\,T = B\,L \cos \frac{\alpha}{2}.$$

c'est-à-dire, en supposant que le fil ait une torsion de n degré,

$$n.f = B\,L \cos \frac{\alpha}{2} \qquad \text{ou} \qquad B\,L = \frac{n.f}{\cos \dfrac{\alpha}{2}}.$$

Or, on a, en appelant l la longueur F B :

$$A\,B = 2\,l \sin \frac{\alpha}{2}.$$

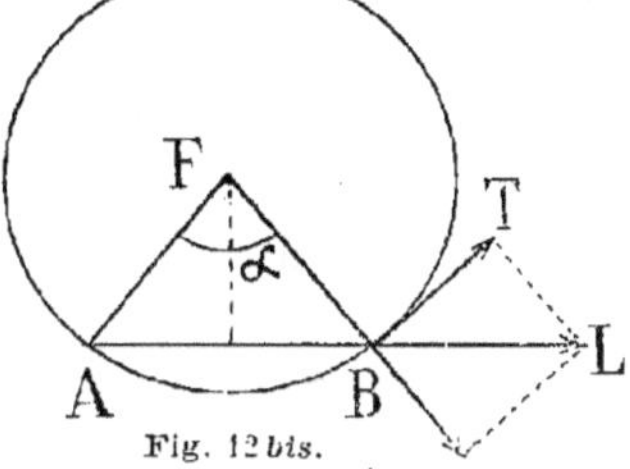

Fig. 12 *bis*.

Et, si *la loi est vraie*, on doit avoir pour un nombre quelconque de systèmes de valeurs de n et de α :

$$\frac{n.f}{\cos \dfrac{\alpha}{2}} \times 4\,l^2 \sin^2 \frac{\alpha}{2} = \frac{n'.f}{\cos \dfrac{\alpha}{2}} \times 4\,l^2 \sin^2 \frac{\alpha'}{2} = C^{te},$$

ou bien :

$$n \ tg \ \frac{\alpha}{2}. \sin \frac{\alpha}{2} = n' \ tg \ \frac{\alpha}{2}. \sin \frac{\alpha'}{2} = C^{te}. \lambda.$$

Or, Coulomb ayant fait trois expériences correspondant aux trois systèmes de valeurs $(n_1 \ \alpha_1)$, $(n_2 \ \alpha_2)$, $(n_3 \ \alpha_3)$, a trouvé pour valeur de λ les trois nombres 3,414, 3,568, 3,557 et le rapprochement de ces nombres lui a permis de conclure que la loi précédemment énoncée *était justifiée*. En réalité, l'erreur :

$$\frac{(3,568 - 3,414)}{\frac{1}{2}(3,568 + 3,414)} = 0,044$$

peut être due au manque de précision de la méthode d'investigations, ou bien elle indique que la loi est seulement approchée ? Il est à présumer qu'aucun doute ne vint à l'esprit de Coulomb en constatant que la loi newtonienne gouvernait aussi les attractions électriques.

Cas des attractions. — Coulomb reconnut que la loi qui régit les attractions est la même et il se servit du même appareil pour la démonstration. Nous indiquerons succinctement le mode opératoire.

La boule A étant enlevée, on charge d'électricité positive la sphère mobile B amenée au zéro, puis on l'écarte immédiatement après d'un angle égal à 44°, par exemple, en manœuvrant le chapeau P P'. Ceci fait, on charge A d'électricité négative et on l'introduit dans la balance; les deux sphères s'attirent et la boule B se place devant le 28e degré, le couple de torsion est alors 16 f, puisque la torsion est de 16°. On change alors le décalage primitif jusqu'à ce que la boule B se place devant la division 14° et on constate que le décalage du chapeau est de 18°, correspondant à un couple de torsion égal à 4 f. Autrement dit, lorsque la distance des sphères A et B passe de 28 à 14, dans le rapport de 2 à 1, l'attraction passe de 16 f à 4 f, et **on** constate encore que :

$$\frac{16.f}{4.f} = \frac{\overline{28}}{\overline{14}^2}.$$

En réalité, l'expérimentation, dans ce cas, est assez délicate, il est très difficile d'obtenir pour B des positions d'équilibre stable comme il sera facile de s'en convaincre par le calcul, la boule B se précipite presque toujours sur la boule A jusqu'au contact.

Loi des masses en présence. — *Les attractions et les répulsions électriques sont proportionnelles aux quantités d'électricités contenues sur les corps en présence.* — Reprenons le cas de la répulsion et l'expérience décrite où la distance des boules était de 18°, alors que la torsion à la partie supérieure du fil était 126°, ce qui donnait, pour la torsion *totale* du fil, 144°. Supposons alors qu'on enlève à la boule A les deux tiers de l'électricité dont elle est chargée, en la mettant en contact *simultané* avec deux petites sphères isolées et neutres *en tous points identiques à elle*; si on replace la boule A et qu'on ramène la boule B à la division 18°, en détordant le fil à l'aide du chapeau P P′, on constate que la tension totale n'est plus que de 48°, qui est le tiers de 144°. En renouvelant l'expérience après avoir modifié le nombre de sphères isolées, identiques à A et mises simultanément en contact avec elle, on vérifie que quand l'une des boules B conserve une charge constante, les forces répulsives varient proportionnellement aux masses électriques répandues sur l'autre, et la loi énoncée se trouve ainsi démontrée.

Ceci posé, si les masses électriques sont mesurées à l'aide d'une unité électrostatique de quantité que nous laissons indéterminée pour l'instant, la force mécanique F qui s'exerce entre deux points électrisés, chargés respectivement des masses m_1 et m_2 est donnée par la formule :

$$F = \lambda \, \frac{m_1 \, m}{r^2}$$

où λ est un coefficient indépendant de la distance des points et des charges d'électricité et où r est la distance des deux points.

Le coefficient λ est ainsi un coefficient caractéristique du milieu isolant (ou diélectrique) dans lequel le phénomène électrique se produit; on peut définir l'unité électrostatique de quantité d'électricité comme étant *la quantité contenue sur un point électrisé qui, agissant dans l'air sur un point contenant une quantité d'électricité égale et de*

*même nature, placée à l'unité de distance C. G. S., soit à un centimètre,
le repousse avec une force égale à une dyne.*

Avec ce choix d'unité, le coefficient devient égal à 1 lorsque *le
phénomène a lieu dans l'air* et la formule se réduit alors à :

$$F = \frac{m_1\, m_2}{r^2}.$$

Nous voyons que nous avons admis implicitement de considérer
dans la formule, comme positives, les forces de répulsion, et comme
négatives les forces d'attraction qui s'exercent entre les quantités
d'électricité.

Le coefficient λ, indépendant de la distance et des quantités d'électricité, dépend des qualités du milieu dans lequel s'effectue le phénomène, *ce n'est pas une constante numérique*, mais bien un coefficient physique comme l'élasticité; ce coefficient physique a une valeur numérique différente pour chaque système d'unités physiques,
choisi pour effectuer les mesures. (1)

Unité électrostatique de quantité. — Nous avons donné comme définition de l'unité électrostatique de quantité C. G. S., la masse qui,
agissant sur une masse égale placée à la distance d'un centimètre,
la repousse avec une force égale à une dyne.

En pratique, cette unité électrostatique C. G. S. est trop petite;
elle est remplacée par une unité pratique appelée *Coulomb*, laquelle
correspond à une quantité d'électricité 3×10^9 fois plus grande.
Si on suppose deux masses électriques, égales chacune à un Coulomb
et situées à une distance l'une de l'autre égale à 100 mètres, on voit
que la force répulsive dans l'air serait de

$$\frac{(3 \times 10^9)^2}{10^8} = 9 \times 10^{10} \ \textit{dynes,}$$

soit environ 90.000 kilogrammes poids.

Densité électrique. — Si une masse électrique dM est répartie dans

---

(1) « Il est donc impossible d'envisager la constante diélectrique ou la perméabilité
« comme des constantes purement numériques, c'est-à-dire comme des quantités dénuées de
« dimensions par rapport aux grandeurs fondamentales. » — Bouty, *Cours de Physique.*
   Voir le fascicule de l'encyclopédie sur *Les Mesures et les Unités Électriques,* de M. de
Baillehache.

un volume dv, nous appellerons densité massique le rapport de $\dfrac{dM}{dv}$, lorsque dv tend vers zéro. Si dM est répartie sur une surface ds, la limite $\dfrac{dM}{ds}$, lorsque ds tend vers zéro, s'appellera densité superficielle au point dont l'élément de surface est ds.

Autre démonstration de la loi de Coulomb. — La loi de Coulomb peut encore être établie en s'appuyant sur l'expérience de la cage de Faraday (page 11) après avoir admis, toutefois, la partie de cette loi qui veut que l'action soit proportionnelle aux masses en présence.

Considérons une sphère creuse, homogène, de *très faible épaisseur* S, électrisée de rayon R (fig. 13); la surface de cette sphère sera seule électrisée, puisque cette sphère est composée d'une surface *extrêmement mince;* la sphère étant un corps géométrique absolument symétrique,

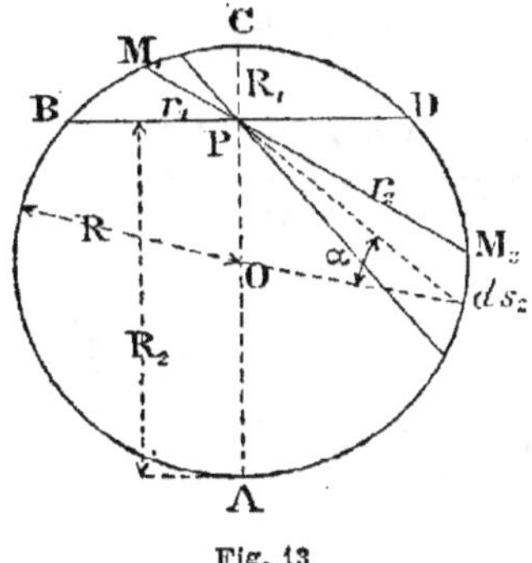

Fig. 13

la sphère S étant, de plus, physiquement homogène, nous sommes en droit d'admettre que la masse électrique par unité de surface, c'est-à-dire la densité superficielle est constante pour tous les points de la surface; soit σ cette charge par unité de surface.

Prenons un point P à l'intérieur de cette sphère, et, par ce point, menons un cône infiniment mince, il découpera en M_1 et en M_2, sur la surface de la sphère S, deux éléments de surface dS_1 et dS_2 et les distances à P seront $PM_1 = r_1$ et $PM_2 = r_2$; si $d\omega$ est la surface découpée par ce même cône infiniment petit sur la sphère de rayon 1 décrite de P comme centre, on aura (1) en remarquant que l'élément dS_1 en M_1 et l'élément dS_2 en M_2 font, avec PM_1 et PM_2 deux angles égaux à α :

$$dS_1 = \frac{r_1^2\, d\omega}{\cos \alpha} \qquad\qquad dS_2 = \frac{r_2^2\, d\omega}{\cos \alpha}$$

les masses en M_1 et en M_2 seront donc :

$$m_1 = \frac{\sigma.\, r_1^2\, d\omega}{\cos \alpha} \qquad\qquad m_2 = \frac{\sigma.\, r_2^2\, d\omega}{\cos \alpha}.$$

Si on exprime que la loi de répulsion est $F(r)$ entre les masses unités situées à la distance r l'une de l'autre, on aura :

Action de $[M_1]$ sur la masse unité en P : $\dfrac{r_1^2\, d\omega}{\cos \alpha} \times F(r_1)$.

Action de $[M_2]$ sur la masse unité en P : $\dfrac{r_2^2\, d\omega}{\cos \alpha} \times F(r_2)$.

Si $F(r)$ est une fonction continue dans les limites de 0 à 2 R, on pourra

---

(1) Dans le cône infiniment délié de sommet P (fig. 14), si nous décrivons de P comme

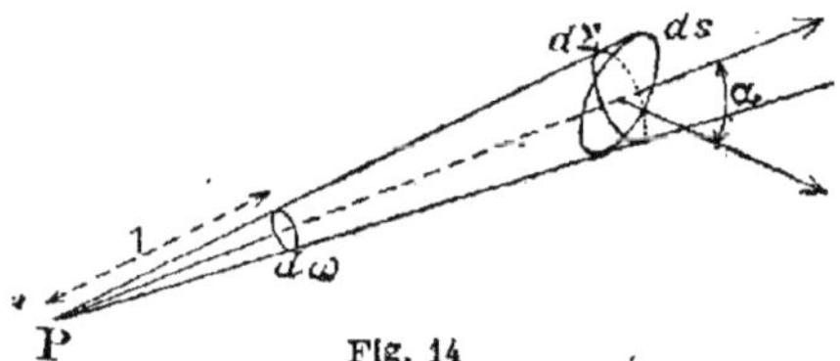

Fig. 14

centre deux sphères, l'une de rayon 1 et l'autre d'un rayon r de longueur moyenne entre les diverses génératrices interrompues à la surface dS, nous aurons évidemment :

$$\frac{d\omega}{1} = \frac{d\Sigma}{r^2},$$

en appelant $d\omega$ et $d\Sigma$ les sections que détermine le cône infiniment délié sur les sphères de rayons 1 et r.

Or, à infiniment petit près, les génératrices du cône sont normales sur $d\Sigma$, donc $d\Sigma$ est la projection orthogonale de dS, ces éléments de surface pouvant être assimilées à des plans on a:

$$d\Sigma = dS.\cos \alpha,$$

étant l'angle des normales aux éléments de surface, et ainsi :

$$dS = r^2\, d\omega \times \frac{1}{\cos}.$$

toujours choisir entre 0 et 2 R, et ce, d'une *infinité de façons*, deux valeurs R_1 et R_2 telles, 1° : que $R_1 + R_2 = 2 R$, et 2° : que, pour toutes les valeurs de r comprises entre R_1 et R_2, l'expression $r^2 F(r)$ soit constamment croissante (ou décroissante) avec r.

Prenons le point P distant du centre de la sphère d'une longueur égale à $\dfrac{R_2 - R_1}{2}$, on voit, dans ces conditions, sur la figure, que toujours :

$$R_1 < r_1 < r_2 < R_2,$$

de sorte que, dans l'hypothèse d'une fonction croissante, on a :

$$r_1^2 F(r_1) < r_2^2 F(r_2),$$

et que l'action de la zône supérieure de la sphère sur l'unité d'électricité placée en P est inférieure à l'action de la zône inférieure BAD, (puisqu'il en est ainsi pour toutes les actions élémentaires deux à deux) de sorte que l'équilibre en P serait impossible, ce qui est contraire à l'expérience de la cage de Faraday ; il faudra donc que :

$$r_1^2 F(r_1) = r_2^2 F(r_2),$$

ou

$$\frac{F(r_1)}{\dfrac{1}{r_1^2}} = \frac{F(r_2)}{\dfrac{1}{r_2^2}}.$$

Et, comme les limites arbitraires R_1 et R_2 peuvent être modifiées, il faudra que :

$$\frac{F(r)}{\dfrac{1}{r^2}} = C^{te} \quad \text{et} \quad F(r) = \frac{K}{r^2}.$$

Cette propriété a été démontrée ainsi par Coulomb expérimentalement et par J. Bertrand par un calcul tenant compte d'une expérience de Faraday (1).

---

(1) Joseph Bertrand, né en 1822, membre de l'Académie des Sciences en 1856 et de l'Académie française en 1884. Mort au début du xx° siècle.

CHAPITRE III

Étude expérimentale de l'électricité à la surface des corps.

Usage du plan d'épreuve. — Coulomb, pour analyser petite portion par petite portion l'état électrique d'un conducteur électrisé, a utilisé un appareil rudimentaire appelé plan d'épreuve. Cet ustensile (fig. 15) se compose d'un petit disque métallique souple a (du clinquant, ordinairement) porté par une tige isolante I. Collé, pour ainsi dire, sur une très petite partie de la surface du conducteur, il remplacera la surface externe en ce point M du conducteur, il prendra donc la charge de cette partie du conducteur en équilibre électrique statique, *puisque l'électricité se porte à la surface des corps.* Si maintenant, on retire bien normalement ce plan d'épreuve, on aura enlevé toute l'électricité qui se trouvait sur le conducteur au point considéré; soit m cette quantité et ds la surface du plan d'épreuve; si μ est la densité superficielle en M du conducteur, on a $m = \mu . ds$.

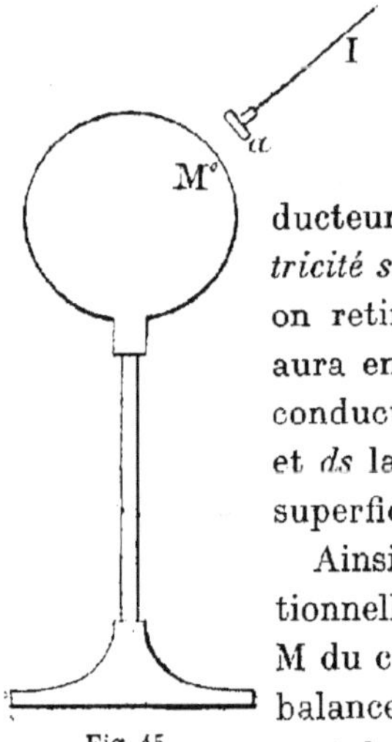

Ainsi, la charge du plan d'épreuve sera proportionnelle à la densité électrostatique au point touché M du conducteur. En remplaçant la boule *fixe* de la balance de Coulomb par ce plan d'épreuve et en laissant la boule mobile invariablement chargée de la

Fig. 15.

même quantité d'électricité, de même nom que celle du plan d'épreuve, on obtient des répulsions de la boule mobile correspondant à des torsions du fil, proportionnelles aux densités superficielles relevées successivement. La méthode n'est pas, il faut le reconnaître, des plus commodes et des plus précises. Une critique sérieuse consiste à faire remarquer que, pendant le temps assez long, exigé par les explorations sur la surface du conducteur à l'aide du plan d'épreuve, la charge du conducteur s'est modifiée et qu'ainsi, du commencement à la fin de l'opération, les conditions de l'expérience se sont notablement modifiées. Toutefois, on peut se contenter de faire les explorations en groupant les points par couple de deux choisis arbitrairement A_1 et B_1, A_2 et B_2, ... A_n et B_n; en faisant varier les charges, on peut vérifier à l'aide de la méthode du plan d'épreuve une première loi sur la distribution électrique à la surface d'un conducteur en équilibre.

Pour un conducteur donné, le rapport des densités en deux points A et B est constant lorsqu'on fait varier la charge du conducteur en équilibre électrostatique.

Si la charge du conducteur devient vingt fois plus grande, la densité en A et la densité en B deviennent en même temps vingt fois plus grande.

Couche électrique superficielle sur un conducteur en équilibre. — D'importants travaux de physique mathématique ont été entrepris depuis Poisson (1) sur la distribution électrique de l'électricité à la surface des corps conducteurs. Pour représenter géométriquement la densité en un point de la surface des corps conducteurs, on suppose qu'une longueur infiniment petite, proportionnelle à la densité en ce point, soit portée sur la normale à partir de la surface, on obtient une couche infiniment petite, de variable épaisseur. Le volume de cette couche représentera évidemment la charge totale du conducteur. Nous donnerons, dans un chapitre suivant, quelques détails supplémentaires sur cette représentation.

Cylindre de Faraday. — Considérons un cylindre en métal, dont l'ouverture est à la partie supérieure (fig. 16) et supporté par un pied en verre ou en matière isolante quelconque. Relions ce cylindre avec la boule de l'électroscope à feuilles d'or. Si le cylindre est à l'état neutre, l'électroscope ne décèle aucun mouvement des feuilles d'or.

Introduisons dans le cylindre un conducteur C, supporté par un

---

(1) Poisson (Simon-Denis), né à Pithiviers en 1781, membre de l'Académie des Sciences en 1812, pair de France en 1837, mort à Sceaux en 1840.

fil de soie et chargé d'électricité positive, par exemple. En vertu d'expériences sur l'influence déjà faites, nous savons que la surface intérieure du cylindre prendra une charge négative et que l'électricité de même nom que celle de C sera refoulée vers la partie externe du cylindre et sur l'armature de l'électroscope. Les feuilles de cet appareil se mettront à diverger et leur divergence augmentera au fur et à mesure de la descente de C dans le cylindre; toutefois, à partir d'une certaine profondeur, l'écartement des feuilles deviendra invariable, *même si l'on met alors la sphère C en contact avec le cylindre métallique.* Lorsque, sans avoir laissé de contact entre C et le cylindre, on retire le conducteur C complètement du cylindre, l'électroscope tombe au repos, mais si on retire le conducteur C après l'avoir mis en contact avec la surface métallique du cylindre, on constate, à l'aide d'un deuxième électroscope, que C

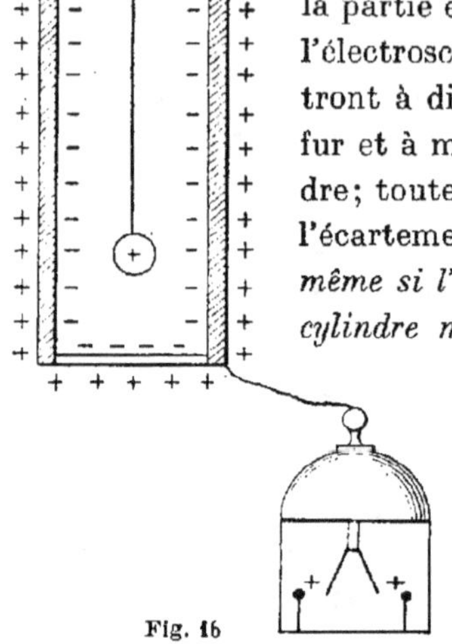

Fig. 16

est devenu neutre et que le premier électroscope n'a pas vu ses feuilles d'or remuer dans l'opération du retrait de C. On en conclut que la charge positive que C a cédée au cylindre a été annihilée par la charge négative qui, par influence, s'était développée intérieurement, alors que le cylindre conservait extérieurement sa charge induite positive.

Suspendons dans ce même cylindre et assez profondément deux corps à l'état neutre et isolés; puis, frottons ces deux corps l'un contre l'autre. Les feuilles resteront immobiles, mais si nous enlevons un des corps, on relèvera à l'électroscope un écartement des feuilles d'or. On en conclut que les corps frottés développent des électricités de signes contraires et se neutralisent.

Si on remplace l'électroscope par un électromètre (appareil qui sera décrit dans la suite), on constate que si on introduit plusieurs corps électrisés dans le cylindre de Faraday, la charge développée sur la surface externe est la somme algébrique de toutes les charges introduites et forme *d'elle*-même une couche électrique superficielle d'équilibre.

Conservation de l'électricité. — Ainsi, on peut conclure que si, dans un conducteur fermé, on n'apporte pas de l'extérieur ou si l'on ne fait pas sortir des charges électriques nouvelles, la quantité d'électricité contenue dans ce conducteur est invariable et qu'ainsi, par les seuls moyens à *la disposition à l'intérieur du conducteur,* on ne pourra augmenter ni diminuer la quantité d'électricité dont ce conducteur est chargé.

Réaction de l'électricité à la surface d'un conducteur contre le milieu solant environnant. — Si, sur la surface d'un conducteur chargé d'électricité, on applique le plan d'épreuve, on constate que celui-ci est repoussé. Il est clair que cette même répulsion qui s'exerce sur le plan d'épreuve doit se produire en chaque point de la surface, de sorte que la charge d'un corps conducteur peut être comparée, sous ce rapport d'extension à l'extérieur, à l'enveloppe du ballon d'enfant, qui est tendu vers l'extérieur et dans laquelle chaque élément de surface est retenue par les tensions du reste de l'enveloppe. On a donné le nom de pression électrostatique à cette tendance de l'électricité vers le dehors, nous apprendrons plus loin à la calculer.

Action d'une sphère homogène électrisée sur une charge condensée en un point. — Nous pouvons démontrer, pour le cas de la sphère, que l'action *d'une couche infiniment mince sur un point intérieur chargé est nulle.* C'est un cas particulier d'une propriété générale que nous démontrerons plus loin.

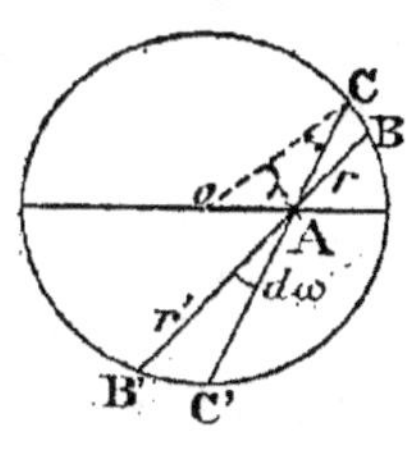

Fig. 17.

Soient (fig. 17) BC et B'C', deux éléments de surface de la surface sphérique interceptés par un cône infiniment délié et d'ouverture $d\omega$ mené par le point A. Les actions de ces éléments sont, en appelant m la charge électrique sur A et $\wp$ la densité superficielle constante de la sphère chargée de façon homogène, r et r' les distances des deux éléments à A:

$$\frac{m.\ \mu\ (B\ C)}{r^2} \qquad \text{et} \qquad \frac{m.\ \mu\ (B'\ C')}{r'^2}.$$

Mais si nous appelons λ l'angle de la génératrice moyenne du cône infiniment délié avec les normales aux éléments BC et B'C' de la sphère, nous aurons, en vertu d'une propriété géométrique déjà appliquée dans le cours de cet ouvrage :

$$(B\ C) = \text{Aire B C} = \frac{r^2.\ d\omega.}{\cos \lambda} \quad \text{et}\ (B'\ C') = \text{Aire B' C'} = \frac{r'^2.\ d\omega}{\cos \lambda}.$$

Ces actions sont évidemment de sens contraires; de plus, elles ont comme valeur :

$$\frac{m.\ \mu\ (B\ C)}{r^2} = \frac{m.\ \mu.\ d\omega}{\cos \lambda}$$

et

$$\frac{m\ \mu\ (B'\ C')}{r'^2} = \frac{m.\ \mu.\ d\omega}{\cos \lambda} ;$$

elles sont égales et se font ainsi équilibre.

Nous pouvons, de la même manière, démontrer que *l'action d'une sphère homogène électrisée sur une charge condensée en un point extérieur de la sphère est la même que si toute la masse était concentrée au centre de la sphère.*

Soit P un point extérieur de la sphère O; appelons D la distance PO du point P au centre de la sphère et u la distance (fig. 18) de P

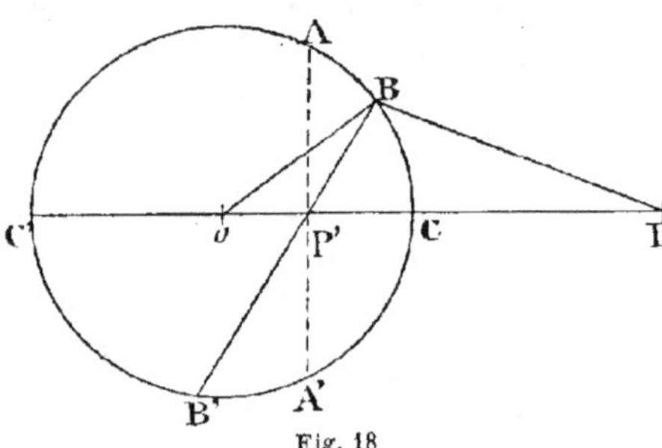

Fig. 18

à un élément de surface ds de la sphère situé en B; l'action de l'électricité de ds sur l'unité de quantité placée en P aura la direction BP;

mais la sphère homogène aura une action sur **P** certainement dirigée suivant **P O**; donc pour calculer cette action résultante, il suffira de calculer la somme des composantes des actions élémentaires suivant **P O**. En appelant λ l'angle **B P O**, nous aurons pour composante suivant **O P** de l'action électrique de *ds* sur la masse unité placée en **P**, σ étant la densité constante de la sphère **S**,

$$f = \frac{\sigma. \; ds}{u^3} \cos \lambda.$$

Soit **P′** le conjugué harmonique de **P** par rapport à la sphère et soit $r = \text{P′B}$; suivant un théorème connu, **B C** et **B C′** sont bissectrices de **P′B P**, donc :

$$\frac{u}{r} = \frac{\text{C P}}{\text{C P′}} = \frac{\text{C′ P}}{\text{C′ P′}} = \frac{\text{C′ P} - \text{C P}}{\text{C′P′} - \text{C P′}} = \frac{2 \, \text{R}}{2 \, \text{O P′}} = \frac{\text{R}^2}{\text{O P′. R}} \; ;$$

or :

$$\text{R}^2 = \text{O P. O P′} = \text{D} \times \text{O P′};$$

donc,

$$\frac{u}{r} = \frac{\text{D}}{\text{R}};$$

la composante horizontale de l'action de *ds* sur **P** pourra alors s'écrire :

$$f = \sigma \frac{ds. \; \cos \lambda}{\text{D}^2 \, r^2} \, \text{R}^3.$$

Appelons $d\omega$ l'angle solide infiniment petit sous lequel on voit de **P′** l'élément de surface *ds*, nous aurons :

$$ds. \cos \lambda = r^2 \, d\omega;$$

en tenant compte de cette égalité, f devient :

$$f = \sigma \frac{\text{R}^2 \, d\omega}{\text{D}^2}.$$

Si on somme toutes les actions dues aux diverses surfaces élémentaires de la sphère, on aura :

$$F = \sigma \frac{4 \, \pi \, \text{R}^2}{\text{D}^2}.$$

Si **M** est la masse électrique chargeant la sphère, nous aurons :

$$F = \frac{M}{D^2}.$$

ce qu'on cherchait à démontrer.

L'expression $f = \sigma \dfrac{R^2\, d\omega}{D^2}$, montre que l'attraction ne dépend que de l'angle solide infiniment petit $d\omega$ de sommet P'; or, la sommation $\int d\omega$ relative aux éléments à la gauche du plan AA', perpendiculaire sur PP' est égale à $2\,\pi$, c'est-à-dire à la sommation $\int d\omega$ relative aux éléments à la droite, de sorte que l'action sur P, de la calotte à gauche du plan AA', perpendiculaire en P' sur OP est égale à l'action de la calotte à droite de ce même plan.

CHAPITRE IV

Conséquences mécaniques de la loi de Coulomb.
Potentiel.

Travail dans un déplacement. — Supposons qu'au temps t deux points électrisés A et B, l'un chargé de la masse m_1 et le second de la masse m_2, occupent une certaine position (fig. 19) et qu'au temps

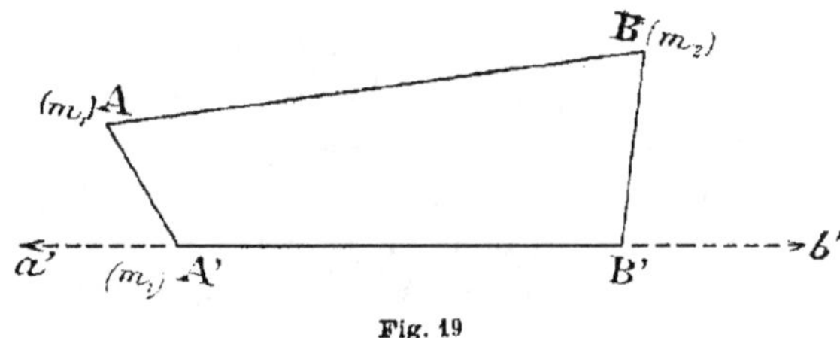

Fig. 19

$t + dt$, A soit venu en A′, et B en B′; proposons-nous de calculer le travail accompli dans ce déplacement par les forces électriques A′a′ et B′b′.

$$\text{Travail accompli par A} = \text{AA}' \times \text{A}'\,a' \times \cos (\text{AA}', \text{A}'a').$$

$$- \quad - \quad = \frac{m_1\,m_2}{(\text{A}'\,\text{B}')^2} \times \text{AA}' \times \cos (\text{AA}', \text{A}'a).$$

$$\text{Travail accompli par B} = \text{BB}' \times \text{B}'\,b' \times \cos (\text{BB}', \text{B}'b').$$

$$- \quad - \quad = \frac{m_1\,m_2}{(\text{A}'\,\text{B}')^2} \times \text{BB}' \times \cos \text{BB}', \text{B}'b').$$

Et le travail élémentaire total sera donné par :

$$d\,\text{T} = \frac{m_1\,m_2}{(\text{A}'\,\text{B}')^2} \left\{ \text{AA}'.\cos (\text{AA}', \text{A}'\,a') + \text{BB}'.\cos (\text{BB}', \text{B}'\,b'). \right\}$$

Or, le théorème des projections appliqué en projetant le contour total sur A′ B′ nous donne, en remarquant que dans le temps dt, la droite A B n'a pu tourner que d'un angle infiniment petit et qu'ainsi la projection de (A B) sur A′ B′ est égale à A B ou à r,

$$r + dr + \text{projection } (B'B) - r + \text{projection } (AA') = 0$$

d'où l'on conclut :

$$dr = \text{projection } (A'A) + \text{projection } (BB')$$
$$= + \left\{ AA' \cos (AA', A'\,a') + BB'. \cos (BB', B'\,b'). \right\}$$

Et ainsi :

$$d\,T = + \frac{m_1\,m_2}{r^2}\,dr.$$

On aurait pu ainsi établir le théorème : si $x_1\,y_1\,z_1$ sont les coordonnées de A et $x_2\,y_2\,z_2$, les coordonnées de B, on aura au temps $t + d\,t$ pour coordonnées de A′ : $(x_1 + d\,x_1, y_1 + d\,y_1, z_1 + d\,z_1)$ et pour coordonnées de B′ : $(x_2 + d\,x_2, y_2 + d\,y_2, z_2 + d\,z_2)$; on obtiendra alors facilement l'expression du travail élémentaire, en remarquant que la force appliquée en A a pour composantes, suivant les axes :

$$- \frac{m_1\,m_2}{r^2}\,\frac{x_2 - x_1}{r}, \qquad - \frac{m_1\,m_2}{r^3}\,(y_2 - y_1), \qquad - \frac{m_1\,m_2}{r^3}\,(z_2 - z_1)$$

tandis que la force appliquée en B a pour composantes :

$$+ \frac{m_1\,m_2}{r^3}\,(x_2 - x_1), \qquad + \frac{m_1\,m_2}{r^3}\,(y_2 - y_1), \qquad + \frac{m_1\,m_2}{r^3}\,(z_2 - z_1)$$

$$d\,T = - \frac{m_1\,m_2}{r^3}\,(x_2 - x_1)\,dx_1 - \frac{m_1\,m_2}{r^3}\,(y_2 - y_1)\,dy_1 - \frac{m_1\,m_2}{r^3}\,(z_2 - z_1)\,dz_1$$

$$- \frac{m_1\,m_2}{r^3}\,(x_2 - x_1)\,dx_2 + \frac{m_1\,m_2}{r^3}\,(y_2 - y_1)\,dy_2 + \frac{m_1\,m_2}{r^3}\,(z_2 - z_1)\,dz_2$$

$$= + \frac{m_1\,m_2}{r^3}\,\Sigma\,(x_2 - x_1)\,d\,(x_2 - x_1) = + \frac{m_1\,m_2}{r^3}.\,r.\,dr = - \frac{m_1\,m_2}{r^2}\,dr$$

Si, au lieu de considérer deux positions voisines, nous avions considéré une position initiale (I) et une position finale (II) correspondant à des distances et des points respectivement égales à r_1 et r_2, on aura pour expression du travail dans le déplacement :

$$T = m_1\, m_2 \left(\frac{1}{r_1} - \frac{1}{r_2} \right)$$

Si m et r sont exprimés en unités C. G. S, T est exprimé en *ergs*.

Champ électrique. — Ceci posé, considérons un système (fig. 20) de points *fixes* A, B..... K, chargés de masses électriques respectivement égales à m_A, m_B..... m_K, supposons maintenant un point mobile M, chargé d'une masse positive m. Ce point sera soumis à une force résultante de toutes les actions des charges m_A, m_B....., placées aux points fixes A, B ; on verra facilement que cette résultante aura une intensité *pro-*

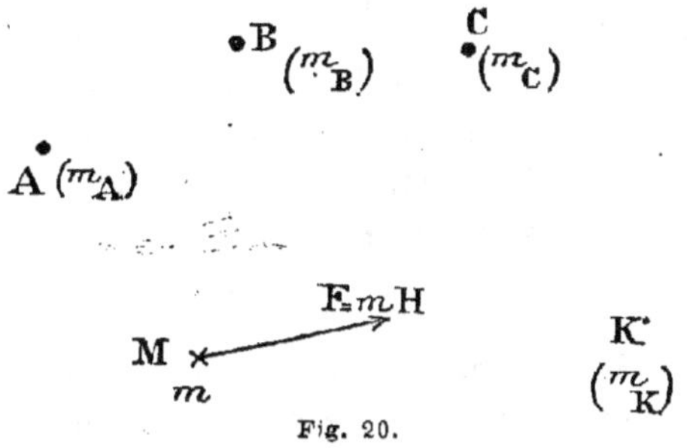

Fig. 20.

portionnelle à m, que chacune des composantes sera donc proportionnelle à m et que sa direction *ne dépendra* que des masses m_A, m_B et des *distances* de M aux points A B, C ; autrement dit, la direction de la force résultante agissant sur la masse m en M sera indépendante de m, et l'intensité F de ce segment dirigé sera donnée par une formule :

$$\overline{F} = m\, \overline{H}.$$

Le segment dirigé $\overline{H}$ est donc une caractéristique bien nette du système électrique constitué par l'ensemble des charges m_A, m_B....., réparties en A, B..... ; en chaque point de l'espace, on a un tel segment dirigé, bien déterminé, ce segment dirigé est ce qu'on appelle *la valeur du champ électrique* au point M.

On appelle champ la portion de l'espace où s'exerce l'action des masses agissantes m_A, m_B, ... m_K, placées respectivement en A, B, C, ... K.

Lignes de force. — Si nous prenons un point M_1 très *voisin* de M dans la direction $\overline{\Pi}$ du champ et que nous considérions (fig. 21) le vecteur $\overline{H}$, correspondant au point M_1; puis, si nous opérons sur le point M_1 comme nous venons de le faire pour le point M, nous obtiendrons un point M_2 et un vecteur $\overline{\Pi}_2$; en continuant ainsi indéfiniment, nous aurons une suite de points successifs, infiniment rapprochés les uns des autres, c'est ce que l'on appellera, après Faraday, une *ligne de force*. Une ligne de force *serait évidemment la trajectoire d'un point chargé d'électricité positive sous l'action seule des forces électriques émanées des divers points agissant A, B, ... K.*

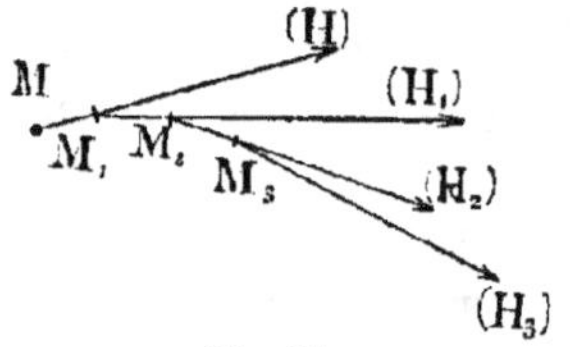

Fig. 21.

On voit également qu'en un point de l'espace passe *une ligne de force et une seule*, le sens positif d'une ligne de force sera par définition le sens même de la force. On se rend compte aussi immédiatement que la ligne de force est l'enveloppe des champs H.

Le Potentiel. — Soit un point P mobile, de masse *matérielle* M et chargé d'une masse électrique m, se déplaçant dans un champ électrique déterminé par des masses électriques m_A, m_B, m_C, ... m_K, situées aux points *fixes* dans l'espace A, B, C, ... K, sous l'action des forces électriques et d'une force extérieure, dont les composantes, suivant les axes sont X, Y, Z; nous aurons, en appelant $x\ y\ z$, les coordonnées de P et r_A, r_B, ... r_K, les longueurs arithmétiques de P à chacun des points A, B, ... K :

$$\left\{ \begin{array}{l} M\ \dfrac{d^2x}{dt^2} = X + m\ \Sigma\ \dfrac{m_A}{r^3_A}\ (x - x_A), \\[2ex] M\ \dfrac{d^2y}{dt^2} = Y + m\ \Sigma\ \dfrac{m_A}{r^3_A}\ (y - y_A), \\[2ex] M\ \dfrac{d^2z}{dt^2} = Z + m\ \Sigma\ \dfrac{m_A}{r^3_A}\ (z - z_A), \end{array} \right.$$

d'où l'on tirera facilement :

$$d \frac{M v^2}{2} = X \, dx + Y \, dy + Z \, dz + m \, \Sigma \, \frac{m_A \, dr_A}{r^2_A}.$$

Si P en passant par P_0 a la vitesse v_0 et en passant par P_1, la vitesse v_1, nous aurons, *quel que soit le chemin parcouru par P pour aller de la position P_0 à la position P_1* :

$$\frac{M v_1^2}{2} - \frac{M v_0^2}{2} = \int_{P_0}^{P_1} (X \, dx + Y \, dy + Z \, dz) + m \, \Sigma \left(\frac{m_A}{r_{A,0}} - \frac{m_A}{r_{A,1}} \right)$$

en appelant $r_{A,0}$ la distance de A à P_0 et $r_{A,1}$ la distance de A à P_1.

On voudra bien remarquer que $\Sigma \, \dfrac{m_A}{r_{A,0}}$ ne dépend que des positions des points du système A B C .... K, de leur charge et de la position de P_0 *par rapport à ce système;* cette somme est *indépendante* de la masse m électrique variable, elle est seulement une caractéristique d'un point de l'espace dans le système électrique considéré; nous appelons $\Sigma \, \dfrac{m}{r_A}$ *le potentiel au point P_0* et nous le désignons par la notation V_0; de même V_1 sera le potentiel $\Sigma \, \dfrac{m_A}{r_{A,1}}$ au point P_1, nous aurons alors :

$$\frac{M v_1^2}{2} + m \, V_1 + T_{Ext} = + \frac{M v_0^2}{2} + m \, V_0$$

en posant $T_{Ext} = - \int_{P_0}^{P_1} (X \, dx + Y \, dy + Z \, dz)$, c'est l'expression du travail des forces extérieures, changé de signe.

Admettons que P_1 varie, mais que P_0 reste fixe; nous aurons l'égalité évidente :

$$\frac{M v_1^2}{2} + m \, V_1 + T_{Ext} = C^{te}.$$

En particulier, si nous supposons que 1º : P_0 est à l'infini $V_0 = 0$; 2º que X, Y, Z sont choisis de telle sorte que constamment $d \, \dfrac{M v^2}{2} = 0$; 3º que la masse électrique m du point mobile soit égale à $+ 1$,

$$V_1 = + \int_{\infty}^{P_1} (X \, dx + Y \, dy + Z \, dz).$$

Nous en déduirons la définition suivante du potentiel : *le potentiel en un point P quelconque de l'espace est le nombre d'unités de travail qu'il faudra fournir à l'unité de masse positive pour l'amener de l'infini au point P, en réagissant contre les forces électrostatiques, le chemin parcouru pouvant être quelconque.*

Le potentiel aura le signe du travail des forces électriques dans ce déplacement. Si, par exemple, il faut que les forces électriques du système fournissent $+ 125$ ergs pour pousser l'unité d'électricité située en M jusqu'à l'infini, le potentiel du point de l'espace M est positif et égal à $+ 125$ unités C. G. S. En pratique, on a pris le joule comme unité de travail, sa valeur est 10^7 ergs ; on prend alors comme unité pratique de potentiel la valeur pour laquelle le coulomb produit un joule. On sait que le coulomb vaut 3×10^9 unités G. G. S. L'unité pratique de potentiel vaut donc $\dfrac{10^7}{3 \times 10^9}$ ou $\dfrac{1}{300}$ unités C. G. S. Cette unité pratique a été appelée *Volt*.

Cette fonction joue, en électricité, le rôle de la température dans la théorie de la chaleur. La différence de potentiel entre deux points de l'espace peut être considérée comme la cause qui peut produire le déplacement de l'électricité entre ces deux points. Comme *seules* dans les phénomènes, les *différences de potentiel* interviendront, celui-ci n'aura besoin que d'être connu à une constante près.

Pour amener un point chargé de la masse électrique unité du potentiel zéro (ou état neutre, puisque cet état correspond à des positions de points situés infiniment loin, c'est-à-dire en dehors de l'action du champ) au potentiel V, il faudra dépenser contre les forces électriques un travail V qui ne se décèle pas sous la forme cinétique ou sous la forme de chaleur emmagasinée ; on pourrait croire cette énergie dissipée, cependant elle se retrouvera sous une forme quelconque (force vive, chaleur ou autre) lorsque le phénomène se produira en ramenant la quantité unité d'électricité de la valeur V à la valeur zéro. Cette énergie n'est pas visible, elle est *latente*, à l'état de puissance disponible, c'est pour cette raison que le nom de potentiel a été donné à la fonction V.

Surfaces de niveau. — Prenons une ligne de force et deux points *voisins* M_1 et M_2, sur cette ligne de force (fig. 22); si l'unité positive d'électricité est placée en M_1 et qu'on la laisse subir l'action des forces électrostatiques du système, elle viendra naturellement en M_2 sous l'action du champ H_1, tangent en M_1 à la ligne de force le travail, dans ces conditions, fourni par les forces électrostatiques sera :

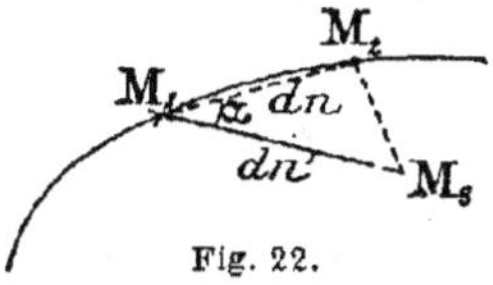

$$dT = H_1 \times M_1 M_2.$$

Or, nous savons d'autre part que :

$$dT = V_1 - V_2 = - dV,$$

comme $M_1 M_2$ est l'infiniment petit arc de la ligne de force, nous le désignerons par dn et on aura :

$$H_1 = - \frac{dV}{dn}.$$

Supposons qu'au lieu d'être sur une même ligne de force, les deux points M_1 et M_2 soient, au contraire, sur deux lignes de force distinctes (fig. 22 *bis*), nous aurons toujours en appelant V_2 et V_1 les potentiels de M_2 et M_1, et dn' le déplacement $M_1 M_2$,

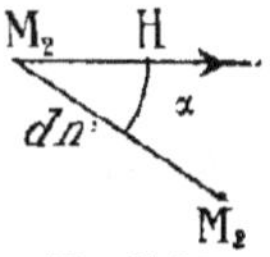

$$dT = V_1 - V_2 = - dV = H \, dn' \cos \alpha,$$

en appelant α l'angle de $M_1 M_2$ avec le champ en M_1, on aura ainsi :

$$H = - \frac{dV}{dn'} \times \frac{1}{\cos \alpha}.$$

Si maintenant, sur le vecteur H, nous prenons le point M_3 de potentiel V_2, nous aurons (fig. 22) :

$$H = - \frac{dV}{dn} = - \frac{dV}{d'n} \times \frac{1}{\cos \alpha}.$$

d'où :

$$dn' . \cos \alpha = dn.$$

On en concluera sur la figure 22 que tous les points (voisins de M_1) au potentiel V_2 sont sur un plan perpendiculaire au vecteur champ en M_1. En supposant que $V_1 - V_2$ tende vers zéro, on en conclut que *toute surface de points à potentiel constant est normale à toutes les lignes de forces qui la coupe.*

Ces surfaces équipotentielles s'appellent des surfaces de niveau, la normale en un point d'une surface de niveau est le vecteur champ en ce point.

On aurait pu arriver également ainsi à ce résultat. Si on prend deux points voisins sur une surface de niveau, le travail électrique pour passer de l'un M_1, à l'autre de ces points est nul; or, le chemin n'étant pas nul et la force agissante (le champ) n'étant pas nulle également, il en résulte que le cosinus de l'angle de ces deux vecteurs est nul, c'est-à-dire que le champ est perpendiculaire sur le déplacement; comme ceci a lieu pour tous les déplacements sur la surface autour de M_1, il en résulte que *le champ est normal en M_1 à la surface de niveau.*

Si M_1 est un point au potentiel V_1 et M_2 un point voisin au potentiel V_2, nous venons d'établir l'égalité suivante :

$$d\ T = H.\ M_1 M_2 \cos \alpha = -\ dV.$$

Si H' est la force composante du champ dans la direction $M_1 M_2$, on aura :

$$dT = H'.\ M_1 M_2 = -\ dV,$$

c'est-à-dire :

$$H \cos \alpha = H' = -\frac{dV}{dn},$$

ce qui généralise une propriété déjà énoncée.

CHAPITRE V

Flux de Force. — Théorème de Gauss et ses applications.

Flux de force. — Si en un point A d'un champ se trouve un élément de surface *ds* (fig. 23), si H est la valeur du champ en ce point,

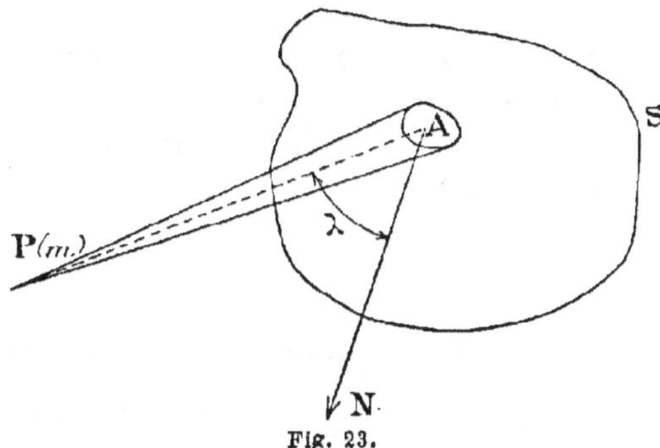

Fig. 23.

et λ l'angle que fait la direction positive de la normale à l'élément, nous appellerons *flux de force relatif à l'élément ds*, le produit :

$$H. \, d \, s. \cos \lambda.$$

Ou, ce qui revient au même, nous appellerons *flux de force relatif à l'élément ds*, le produit par *ds* de la composante du champ suivant la normale à l'élément.

Nous appellerons *flux de force relatif à une surface (géométrique) fermée, la somme algébrique de tous les flux relatifs aux divers éléments de la surface.* Étant entendu que le flux relatif à un élément sera considéré comme positif, si la composante normale du champ est dirigée vers l'extérieur de la surface, et, comme négatif dans le cas contraire.

Cas particulier. — Nous allons traiter d'abord le problème particulier suivant : le champ étant dû à l'action d'une *seule* masse m, située en un point P (fig. 23), calculer le flux de force relatif à une portion de surface S ?

Soit ds, une partie infiniment petite sur S et A N, la normale *dirigée* en A (le sens donné à une seule normale à la surface S lève toute ambiguité pour le sens de la normale en tous les points de S), on aura, en considérant le cône infiniment délié de sommet P passant par le contour $d\,s$, pour valeur du flux de force relatif à $d\,s$:

$$\frac{m}{r^2}\, ds \cos \lambda,$$

en appelant r la distance de P à l'élément $d\,s$ et λ l'angle de la droite qui joint P à l'élément avec la normale AN.

Mais, si $d\omega$ est l'angle solide du cône infiniment délié, on aura pour expression du flux de force :

$$m.\, d\omega,$$

car $d\omega = \dfrac{ds \cos \lambda}{r^2}$, comme il a été démontré à la note de la page 22.

Ainsi, le flux total déterminé par l'action de la masse m, située en P à travers une surface S est :

$$m\, \Omega.$$

en appelant Ω l'angle solide sous lequel on voit de P la surface totale S.

Théorème de Gauss (1). — *Si dans un milieu homogène, on considère une surface géométrique quelconque, mais fermée, le flux de force sortant de cette surface est fourni par le produit par $4\,\pi$ de la somme des quantités d'électricité enfermées en cette surface, augmenté du produit par $2\,\pi$ de la somme des quantités d'électricité réparties sur la surface.*

---

(1) Gauss, mathématicien et astronome allemand, né à Brunswick en 1777, mort à Goettinge en 1855.

Soit Σ la surface fermée (fig. 24), P_1 un point intérieur chargé

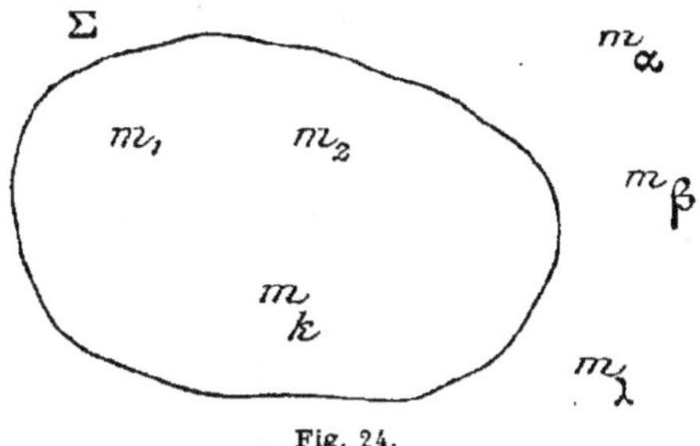

Fig. 24.

de la masse m_1; le flux de force émané de ce point et, traversant pour sortir la surface est, d'après le lemme précédent :

$$4.\ \pi.\ m_1.$$

Si le point P est sur la surface, on voit que l'angle solide du lemme précédent est égal à $2\ \pi$, et la participation du flux de force traversant la surface apportée par la présence de la masse m en P est :

$$2\ \pi\ m.$$

Enfin P est extérieur à la surface Σ, l'angle solide du lemme précédent est nul; si, au lieu d'un seul point P, on a un certain nombre de points, si Q_{int} est la somme des masses intérieures à Σ et Q_s la somme des masses sur la surface Σ, on aura :

$$\text{Flux de force traversant} = \int_S H.\ ds.\ \cos \lambda = 4\ \pi\ Q_{int} + 2\ \pi\ Q_s.$$

Tube de force. — Considérons, dans un champ de force, une courbe fermée et chacune des lignes de force passant par les divers points de cette courbe; l'ensemble tubulaire ainsi déterminé s'appelle un tube de force.

Ceci posé, considérons un tube de force limité par deux surfaces S et S′ (fig. 25), il peut arriver deux cas :

1° Dans l'intérieur du tube de force ne se trouve pas de masse électrique ;

2° Dans l'intérieur du tube de force se trouve des masses électri-ques.

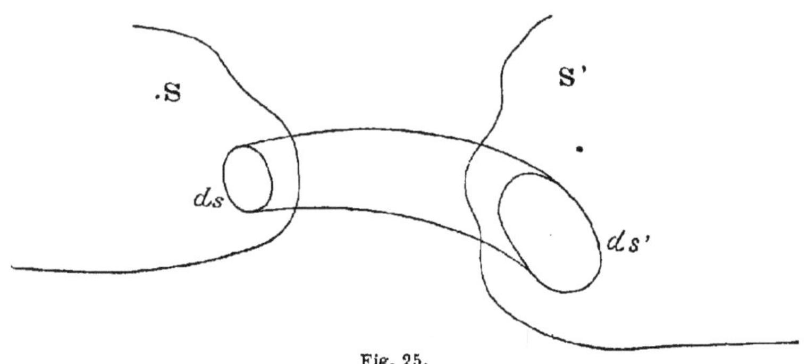

Fig. 25.

Dans l'un et l'autre cas, nous allons appliquer le théorème de Gauss à la surface géométrique formée par les lignes de force et les sur-faces limitant le tube.

Le flux de force à travers les éléments de surface déterminés par les lignes de force est nul, puisque le champ est, en ces points tan-gents, à la surface, on a donc, dans la première hypothèse, en appli-cation du théorème de Gauss :

$$-\int_S H\, ds \cos \lambda + \int_{S'} H.\, ds' \cos \lambda = 0.$$

Le flux sortant du tube est donc égal au flux entrant. Il résulte qu'on peut assimiler le flux à travers un tube de force, n'embrassant pas de quantité d'électricité, au courant d'un liquide incompressible, le débit à travers chaque section du tube étant le même.

Dans la seconde hypothèse, on aura, par un raisonnement analogue, en appelant q la masse électrique emprisonnée dans le tube :

$$-\int_S H.\, ds. \cos \lambda + \int_{S'} H.\, ds. \cos \lambda = 4\, \pi\, q.$$

On devra donc, pour généraliser l'image présentée dans le cas précédent, dire que les quantités d'électricité situées à l'intérieur d'un tube de force, émettent, si elles sont positives, un flux de valeur $4 \pi q$ et absorbent, au contraire, si elles sont négatives, ce flux $4 \pi q$.

Si on choisit un tube de force tel que :

$$\int H \, ds \cos \lambda = 1,$$

ce tube s'appellera par définition *tube unité*.

Suivant une convention introduite par Faraday, le nombre des lignes de force d'un champ (il est évidemment infini en réalité) se mesure au nombre des tubes unités en lesquels le champ peut être décomposé. Ce langage, très imaginé, est donc quelque peu vicieux.

Équation de Laplace et Équation de Poisson. — Soit un point P de coordonnées x, y, z à l'écart des masses agissantes situées en A B C ...... K.

Le potentiel en P est page 35 :

$$V = \Sigma \frac{m}{r},$$

Laplace (1) a démontré que, dans ces conditions :

$$\frac{d^2 V}{d x^2} + \frac{d^2 V}{d y^2} + \frac{d^2 V}{d z^2} = 0.$$

En effet, démontrons la propriété pour une seule masse attirante m de coordonnées a, b, c; nous aurons :

$$r^2 = (x - a)^2 + (y - b)^2 + (z - c)^2,$$
$$r \, . \, dr = (x - a) \, dx + (y - b) \, dy + (z - c) \, dr,$$

d'où :

$$\frac{dr}{dx} = \frac{x - a}{r}, \qquad \frac{dr}{dy} = \frac{y - b}{r}, \qquad \frac{dr}{dz} = \frac{z - c}{r};$$

on a de plus :

$$\frac{dV}{dx} = - \frac{m}{r^2} \frac{dr}{dx} = - \frac{m}{r^3} (x - a),$$

---

(1) Laplace, né à Beaumont-en-Auge (Calvados) en 1749, astronome et physicien, homme politique, membre de l'ancienne Académie des Sciences, puis de l'Institut à sa création, mort en 1827.

d'où :

$$\frac{d^2 V}{dx^2} = - \frac{m}{r^3} + \frac{3\,m\,(x - a)^2}{r^5},$$

de même,

$$\frac{d^2 V}{dy^2} = - \frac{m}{r^3} + \frac{3\,m\,(y - b)^2}{r^5},$$

$$\frac{d^2 V}{dz^2} = - \frac{m}{r^3} + \frac{3\,m\,(z - c)^2}{r^5};$$

et ainsi,

$$\frac{d^2 V}{dx^2} + \frac{d^2 V}{dy^2} + \frac{d^2 V}{dz^2} = 0,$$

qu'on écrit ordinairement en posant :

$$\Delta V = \frac{d^2 V}{dx^2} + \frac{d^2 V}{dy^2} + \frac{d^2 V}{dz^2},$$

$$\Delta V = 0.$$

Si le point M est dans un milieu contenant des masses électriques, la formule de Poisson démontrée ci-après donnera la signification physique de ce symbole ΔV ; toutefois, avant d'établir la valeur de ΔV dans l'hypothèse où le point M de potentiel V se trouve noyé dans la masse électrique, il faut démontrer :

1° Que le potentiel n'est pas, dans ce cas, obligatoirement infini en M, comme un examen superficiel le fera conclure au vu de la forme de la fonction $\Sigma \dfrac{m}{r}$;

2° Que le champ en H n'est pas infini, c'est-à-dire que $\dfrac{dV}{dx}, \dfrac{dV}{dy}, \dfrac{dV}{dz}$ ont en ce point une valeur finie.

Décrivons autour de M comme centre, une sphère C, de rayon R 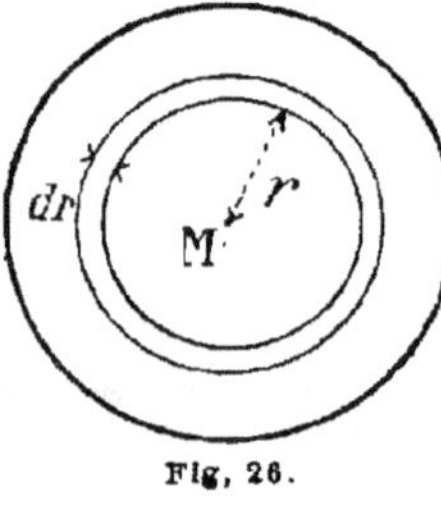 (fig. 26); l'espace sera partagé ainsi en deux régions, l'une extérieure à la sphère et l'autre intérieure à cette sphère. Pour la même raison $\Sigma \dfrac{m}{r}$ pourra se décomposer en deux parties, l'une relative aux points extérieurs à C, dont la valeur serait V_e et l'autre relative aux points intérieurs à C, dont la valeur

Fig. 26.

V_i va être calculée, *si V_i est fini ;* le potentiel en M sera la somme $V_e + V_i = V_M$.

Soit dans la sphère C, ρ_1 la valeur maximum de la densité cubique et ρ_2 la valeur minimum de la densité cubique; soit, de plus, une couche située à une distance r de M et d'épaisseur dr, la masse dm satisfera évidemment à l'inégalité :

$$4 \pi r^2. \, dr. \, \rho_1 \, \rangle \, dm \, \rangle \, 4 \pi r^2 \, dr. \, \rho_2.$$

De sorte que la partie contributive dans V_i due à cette couche sera :

$$\frac{4 \pi r^2 \, dr. \, \rho_1}{r} > \frac{dm}{r} > \frac{4 \pi r^2. \, dr. \, \rho_2}{r},$$

et en intégrant de 0 à R, on aura :

$$4 \pi \rho_1 \int_0^R r. \, dr > V_i > 4 \pi \rho_2 \int_0^R r. \, dr,$$

ou :

$$2 \pi R^2 \rho_1 > V_i > 2 \pi. R^2. \rho_2;$$

V_i garde donc une valeur finie et, par suite, V_M garde aussi une valeur finie au point M.

Au lieu de considérer une sphère C de centre M, nous considérons un cône de sommet M et d'angle solide $d\omega$, dont la base est une surface d C sphérique, infiniment petite, découpée sur la sphère C (fig. 27)

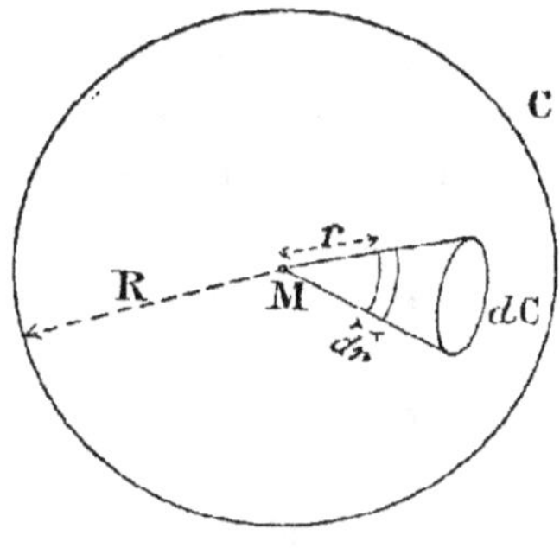

Fig. 27.

et étudions l'action des masses comprises dans ce cône sur leur sommet, en donnant toujours à ρ_1 et à ρ_2 le sens indiqué précédemment;

nous aurons, en appelant $d\,m'$ la masse électrique située dans ce cône à la distance constante r et sous une épaisseur $d\,r$:

$$r^2.\,d\omega.\,dr.\,\rho_1 > dm' > r^2.\,d\omega.\,dr.\,\rho_2.$$

et l'action due à cette couche sera :

$$\frac{r^2.\,d\omega.\,dr.\,\rho_1}{r^2} > \frac{dm'}{r^2} > \frac{r^2.\,d\omega.\,dr.\,\rho_2}{r^2},$$

ou encore, en intégrant :

$$R.\,d\omega.\,\rho_1 > \int_0^R \frac{dm'}{r^2} > R.\,d\omega.\,\rho_2.$$

Si on appelle $d\,S$ la surface que le cône intercepte sur C, nous aurons :

$$d\,S = R^2\,d\,\omega,$$

et,

$$\frac{\rho_1.\,d\,S}{R} > \int_0 \frac{dm'}{r^2} > \frac{\rho_2.\,d\,S}{R}.$$

Or, si nous considérons le vecteur $\displaystyle\int_0^R \frac{d\,m'}{r^2}$ pour toutes les directions, de façon que les éléments $d\,S$ couvrent toute la sphère C une fois, nous aurons, en composant ces vecteurs, le champ en M, *s'il existe*, mais la valeur H numérique de ce champ sera inférieure à la somme des composantes partielles et vérifiera comme conséquence de l'inégalité précédente (en supposant d'abord $\rho_1 > o$) :

$$\rho_1 \int \frac{d\,s}{R} > H > 0,$$

ou :

$$4\,\pi.\,\rho_1.\,R > H.$$

Si $\rho_1 < o$, on tirerait alors :

$$\text{Valeur absolue de } H < [4\,\pi\,\rho_2\,R];$$

la partie contributive dans la valeur du champ, due aux masses, comprise dans la sphère C est donc absolument finie.

En somme, on a démontré que le potentiel en M existait, ainsi que le champ, au cas où M se trouverait noyé dans un milieu de masses électriques finies. Il nous est possible maintenant de démontrer le théorème de Poisson en toute rigueur.

Considérons un parallélépipède de dimension infiniment petite

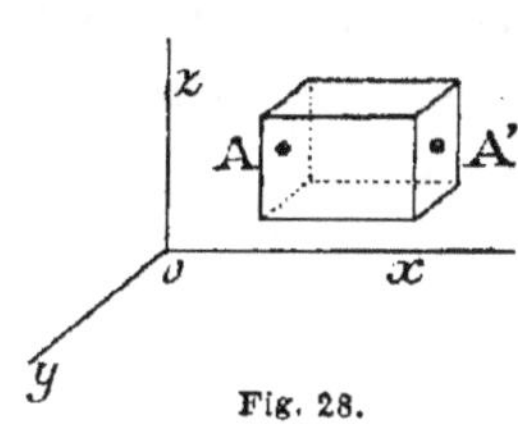

Fig. 28.

dx, dy, dz (fig. 28). Si ρ est sa densité volumique moyenne, sa masse est $\rho\, dx.\, dy.\, dz$, le flux de force qui *entre* dans sa surface est $-\,4\,\pi.\,\rho.\,dx.\,dy.\,dz$. Pour évaluer ce flux, considérons deux faces perpendiculaires à l'axe des x, soit A et A' leurs centres de gravité. Le flux sortant, relatif à la face A est :

$$+ \frac{dV}{dx}\, dy.\, dz,$$

nous mettons le signe $+$, parce que le flux *pénètre* dans la surface et que

$$H_x = -\frac{dV}{dx}.$$

On verrait, en raisonnant de même, que le flux sortant de la face A' est :

$$-\frac{d\,(V + dV)}{dx}\, dy\, dz = -\left(\frac{dV}{dx} + \frac{d^2 V}{dx^2}\, dx\right)\, dy\, dz.$$

On aurait pour les quatre autres faces :

$$+ \frac{dV}{dy}\, dx\, dz, \qquad -\left(\frac{dV}{dy} + \frac{d^2 V}{dy^3}\, dy\right)\, dx\, dz,$$

$$+ \frac{dV}{dz}\, dx\, dy, \qquad -\left(\frac{dV}{dz} + \frac{d^2 V}{dz^2}\, dz\right)\, dx.\, dy;$$

et, en additionnant :

$$-\left(\frac{d^2 V}{dx^2} + \frac{d^2 V}{dy^2} + \frac{d^2 V}{dz^2}\right)\, dx.\, dy.\, dz = +\,4\,\pi\,\rho.\, dx.\, dy.\, dz,$$

et, finalement, la formule de Poisson :

$$\Delta V = - 4 \pi \rho.$$

Cette formule contient, comme cas particulier, la formule de Laplace.

Attraction sur un point d'une couche infiniment mince et homogène répartie sur une surface sphérique. — Ce problème a déjà été traité, mais d'une manière un peu pénible. Nous allons encore considérer deux cas :

1º le point P est extérieur à la sphère O (fig. 29). Traçons une

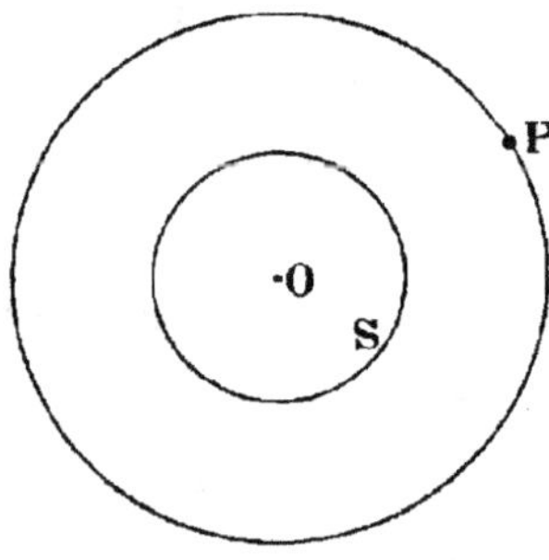

Fig. 29.

sphère de centre O et de rayon OP, et appliquons le théorème de Gauss en remarquant que le *champ en chaque point de cette sphère auxiliaire* est normal à cette sphère, car l'homogénéité de la charge sur la sphère donnée, entraîne évidemment cette conséquence. On aura, en appelant F la force en P :

$$F \times 4 \pi . \overline{OP}^2 = 4 \pi . M,$$

en appelant M la masse totale répartie sur la sphère donnée; par conséquent :

$$F = \frac{M}{OP^2}.$$

C'est le résultat déjà obtenu.

2º Si le point P est intérieur, on aura, en appliquant le théorème de Gauss :

$$F \times 4\,\pi.\ OP^2 = 0,$$

d'où $F = 0$, conforme au résultat déjà obtenu.

Action d'un plan indéfini de densité superficielle σ sur un point P extérieur (fig. 30). — Évidemment, la symétrie veut que l'action soit normale au plan, elle ne dépend aussi que de la distance du point au plan. Prenons ce plan pour plan des x, y, l'axe z étant une perpendiculaire quelconque à ce plan. Traçons autour de P, sur le plan horizon-

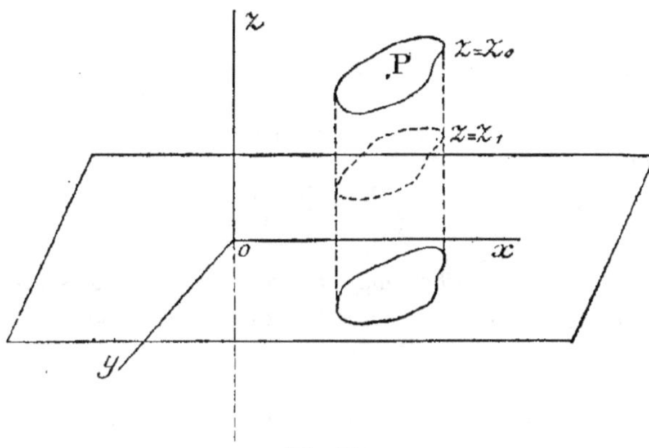

Fig. 30.

tal $z = z_0$ passant par ce point, une courbe fermée limitée, quelconque, de surface S, menons par ce contour un cylindre dont les génératrices soient parallèles à oz et qui soit limité par un second plan $z = z_1$; puis, appliquons le théorème de Gauss relativement à ce cylindre, nous aurons, en supposant d'abord les deux bases du cylindre du même côté du plan attirant; le flux, le long des génératrices du cylindre, étant nul :

$$- S.\,f(z_1) + S\,f(z_0) = 0,$$

en appelant $f(z_1)$ la valeur du champ en tous les points de $z = z_1$, et $f(z_0)$ la valeur du champ en tous les points de $z = z_0$; on a donc, dans ce cas :

$$f(z_1) = f(z_0).$$

L'action du même côté du plan électrisé est indépendante de la distance de ce point au plan.

Si le cylindre coupe le plan électrisé, on aura :

$$S\left[f(z_0) - f(z_1)\right] = 4\,\pi\,S\,\sigma,$$

ou,

$$f(z_0) - f(z_1) = 4\,\pi\,\sigma.$$

Or, on peut supposer :

$$z_0 + z_1 = 0,$$

pour ce cas évidemment, les actions sont égales, mais de signes contraires, c'est-à-dire :

$$f(z_0) = -f(z_1).$$

Et, finalement :

$$f(z_0) = 2\,\pi\,\sigma,$$
$$f(z_1) = -2\,\pi\,\sigma.$$

L'action du plan est donc toujours égale à $2\,\pi\,\sigma$, mais elle a un certain signe au-dessus du plan électrisé et un signe contraire de l'autre côté.

THÉORÈME. — *Si un conducteur est électrisé, la densité électrique à l'intérieur de ce conducteur en équilibre est nulle. Autrement dit, l'électricité se porte à la surface du conducteur. Le potentiel, en tous les points du conducteur, est invariable.*

Si un conducteur isolé est électrisé, une molécule quelconque d'électricité pourra se mouvoir librement; c'est, en somme, *la définition même* du corps conducteur. Si le conducteur électrisé est en équilibre électrique, ceci veut dire qu'aucune force électrique ne sollicite les molécules libres (ou neutralisées) à se mouvoir, donc *dans le volume du conducteur*, on a :

$$\frac{dV}{dx} = \frac{dV}{dy} = \frac{dV}{dz} = 0, \text{ ce qui exige que V} = C^{te},$$

d'où :

$$\frac{d^2V}{dx^2} = \frac{d^2V}{dy^2} = \frac{d^2V}{dz^2} = 0 \quad \text{et} \quad \Delta V = 0,$$

or, la loi de Poisson donne $\Delta V = -4\pi\rho$, donc la densité volumique est nulle en chaque point du volume du conducteur.

A la surface du conducteur on a $V = C^{te}$, donc la surface du conducteur est une surface de niveau et les lignes de force qui aboutissent de l'extérieur y arrivent normalement. Découpons en M un élément d'aire ds de ce conducteur et menons par le contour de cette aire, le tube de force que nous prolongerons à l'intérieur du conducteur par les normales à la surface de ce conducteur. Limitons ce tube ainsi formé (fig. 31) extérieurement par une surface de niveau infiniment voi-

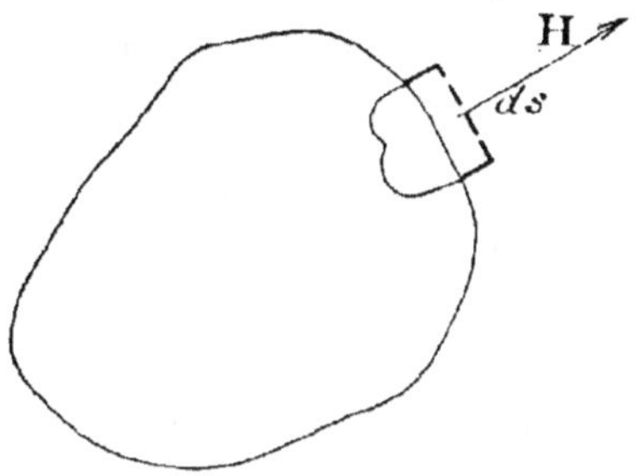

Fig. 31.

sine de la surface du conducteur et intérieurement par une surface parallèle à la surface de ce conducteur, mais assez rapprochée de cette dernière pour être sûrement toute entière dans l'intérieur du volume du conducteur. Ceci fait, appliquons le théorème de Gauss; en remarquant que, si M n'est pas un point singulier de la surface, l'aire découpée par le tube dans la surface de niveau voisine, est égale à ds à un infiniment petit près, le flux dans le volume considéré se réduit à :

$$ds \times H = 4\pi.\sigma.ds,$$

où σ est la densité superficielle au point considéré, car le flux dans l'intérieur de la surface est nul, ainsi que sur les parties du tube formées par les lignes de force.

On en tire :

$$H = 4\,\pi\,\sigma,$$

qui permet d'énoncer le théorème de Coulomb.

THÉORÈME DE COULOMB. — *L'intensité du champ en un point infiniment voisin d'un conducteur en équilibre est égale à $4\,\pi$ multiplié par la densité superficielle au voisinage de ce point* (1).

Comme on a vu que :

$$H = -\frac{dV}{dn},$$

il en résulte que :

$$\sigma = -\frac{1}{4\pi}\frac{dV}{dn}.$$

En relisant la démonstration du théorème de Coulomb, on voit qu'il est supposé implicitement que la courbure totale de la surface au point considéré est différente de zéro. Ce cas sera examiné un peu plus loin dans l'étude sur les pointes et les lignes anguleuses externes.

Pression électrostatique. — Considérons un élément ds de surface d'un conducteur en équilibre électrique (fig. 32), la surface du con-

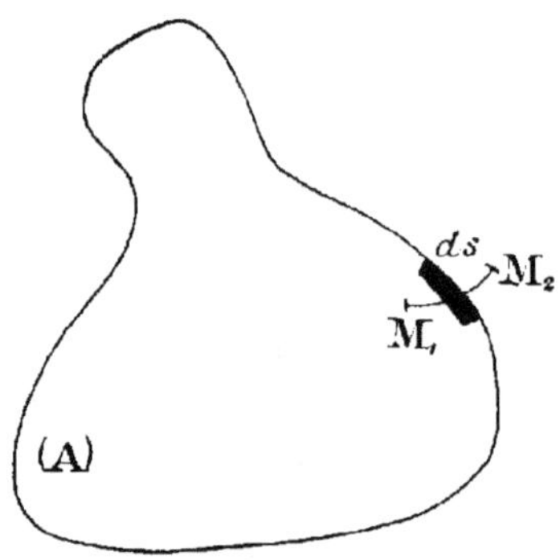

Fig. 32

ducteur sera partagée ainsi en deux : l'une composée de ds et l'autre, du restant de la surface; j'appellerai (A) l'ensemble formé de cette autre partie et de tous les points électrisés extérieurs au conducteur

---

(1) Voir au sujet du Théorème de Coulomb la *Théorie de l'Électricité*, de Vaschy. Bérenger, Éditeur.

considéré. Si on prend en M_1 un point infiniment voisin de l'élément *ds* à *l'intérieur* du conducteur, et si l'on appelle F_A l'action de (A) sur l'unité d'électricité placée en ce point, et ($- F_{(ds)}$) l'action de l'élément sur la même unité d'électricité placée au même point, on aura, d'après un théorème précédent :

$$F_A - F_{(ds)} = 0.$$

Mais déplaçons infiniment peu cette masse unité, de façon à l'amener en M_2, symétrique de M_1 par rapport à *ds*, en suivant un chemin non obligatoirement rectiligne, les positions relatives des points M par rapport à A ont très peu varié, donc F_A reste constante, l'action $F_{(ds)}$ a évidemment changé de signe, et le théorème de Coulomb donne :

$$F_A + F_{(ds)} = 4.\pi.\sigma,$$

d'où on tire :

$$F_A = F_{(ds)} = 2.\pi.\sigma.$$

Ainsi, l'action de (A) sur l'unité de quantité positive placée en M est $2\pi.\sigma$; si, au lieu de prendre l'unité de quantité, on cherchait l'action de (A) sur la masse $\sigma.\,ds$, on trouverait que l'action de (A) sur cette aire *ds* chargée est :

$$2.\pi.\sigma^2\,ds,$$

c'est-à-dire $2\pi.\sigma^2$ par *unité d'aire*. Cette action est toujours dirigée vers l'extérieur, comme on peut facilement le déduire de ce qui précède. Cette action s'appelle la pression électrostatique, c'est elle qui tend à écarter *ds* de la partie (A).

On a ainsi démontré le théorème suivant :

THÉORÈME. — *La tension électrostatique en un point d'un conducteur électrisé est égale au produit par* 2π *du carré de la densité en ce point.*

On remarquera que cette tension a aussi comme valeur celle donnée par la formule suivante :

$$T = 2\pi\sigma^2 = 2\pi\;\frac{1}{16.\pi^2}\left(\frac{dV}{dn}\right)^2 = \frac{1}{8\pi}\left(\frac{dV}{dn}\right)^2.$$

Pouvoir des pointes. — Pour établir le théorème de Coulomb, nous avons supposé que le point étudié n'était pas un point singulier de la surface du conducteur. En particulier, aux points où la normale à la surface n'est pas unique et déterminée, la démonstration faite plus haut sera en défaut. Les deux cas qui se présentent le plus souvent dans la réalité sont : le cas des pointes et le cas où le conducteur présente une ligne d'intersection de deux surfaces géométriques; il est possible, dans l'un et l'autre cas, de démontrer que l'électricité fuit par les pointes ou suivant la ligne formant le fond d'une corniche du conducteur. Les démonstrations, pour l'un et l'autre cas, procèdent de la même méthode, nous nous contenterons donc de traiter le cas des pointes.

Soit (fig. 33) un cône de sommet S, étudions l'action sur le sommet S des masses réparties sur la surface du cône; à cet effet, considérons la ligne de la surface située à la distance 1 du sommet, soit l sa longueur et partageons cette ligne en un grand nombre n de parties égales par les points a, b, c, d, ... l, puis, menons Sa, Sb, Sc, ... Sl. Dans le fuseau aSb, par exemple, considérons un élément ABA′B′ de surface tel que les points de AB soient à une distance x de S et ceux de A′B′ à une distance $x + dx$ de ce même point; on aura, en appelant μ la densité électrique de l'élément ABA′B′, pour valeur de l'action suivant AS de l'élément considéré sur le sommet :

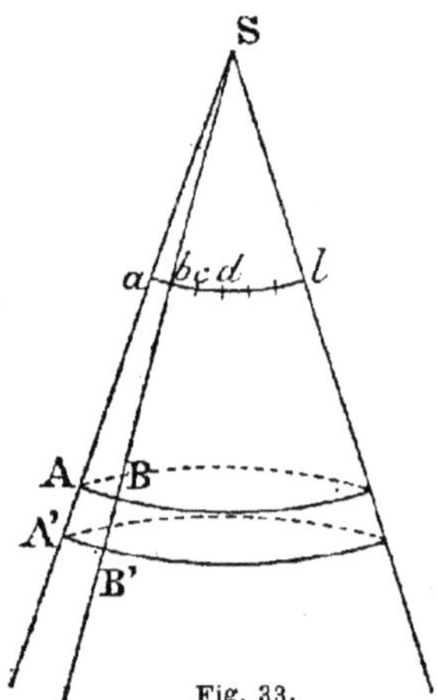

Fig. 33.

$$\frac{\mu \dfrac{l x}{n} d x}{x^2} = \mu \frac{l}{n} \frac{dx}{x},$$

limitons nos génératrices de cône à une longueur finie θ, choisie de façon à ce que la densité électrique sur le cône, dans l'intérieur de la sphère de centre S et de rayon θ, garde une valeur finie; puis intégrons l'expression précédente depuis θ à ε, ε étant une quantité arbitraire très petite; on aura ainsi pour action du fuseau chargé a S b sur le sommet S, la valeur :

$$H_{ab} = \frac{\mu_1\, l}{n} (L\,0 - L\,\varepsilon),$$

où μ_1 est une densité moyenne sur le fuseau considéré.

Ces n composantes sont toutes dirigées de façon à refouler S du cône, donc la direction de la résultante est dans l'intérieur du cône S. Ceci dit, supposons pour simplifier notre analyse que le plus grand angle λ que forment deux génératrices du cône soit inférieur à $\frac{\pi}{2}$, (la proposition est vraie si cette condition n'est pas remplie, mais la démonstration est plus longue), alors le champ :

$$H > \frac{\mu_1\, l}{n} (L\,0 - L\,\varepsilon) \cos \lambda + \frac{\mu_2\, l}{n} (L\,0 - L\,\varepsilon) \cos \lambda + \ldots\ldots \frac{\mu_n\, l}{n} (L\,0 - L\,\varepsilon) \cos \lambda,$$

chacun de ces termes étant relatif aux fuseaux successifs, ou encore :

$$H > \frac{l}{n} \cos \lambda (L\,0 - L\,\varepsilon) \left\{ \mu_1 + \mu_2 + \ldots\ldots + \mu_n \right\},$$

et, en posant :

$$\mu_0 = \frac{\mu_1 + \mu_2 + \ldots\ldots + \mu_n}{n},$$

$$H > l.\cos \lambda.\mu_0 (L\,0 - L\,\varepsilon).$$

Si donc, on ajoute les actions des points de plus en plus rapprochés de S, c'est-à-dire si on fait tendre ε vers zéro, on voit que :

$$l.\cos \lambda.\mu_0 (L\,0 - L\,\varepsilon)$$

peut devenir aussi grand que l'on veut, donc H est un nombre aussi grand que l'on veut et toutes les masses situées aux environs de S sont rejetées à l'extérieur.

Toutefois, on peut, en appliquant le même raisonnement au calcul du potentiel, vérifier que le *potentiel en S n'est pas infini*.

Éléments correspondants. — Considérons, dans un champ, deux corps conducteurs C et C′ en équilibre électrique; à ces conducteurs aboutissent des lignes de force, certaines de ces lignes pourront aboutir à l'un et ne pas toucher l'autre (ou inversement), certaines autres auront une extrémité sur l'une et l'autre extrémité sur l'autre. Considérons un tube de force aboutissant normalement sur l'un et sur l'autre des conducteurs, à l'intérieur de chaque conducteur nous terminerons chaque tube par une petite surface arbitraire. Le flux, pour toute la surface ainsi constituée, est nul ; en effet si σ et σ' sont les densités superficielles sur les éléments ds et ds' (fig. 34), on aura, d'après le théorème de Gauss :

$$\sigma.\,ds + \sigma'.\,ds' = 0.$$

Ce qu'on pourra ainsi exprimer : si un même tube de force détermine deux contours ds et ds' sur deux conducteurs en équilibre,

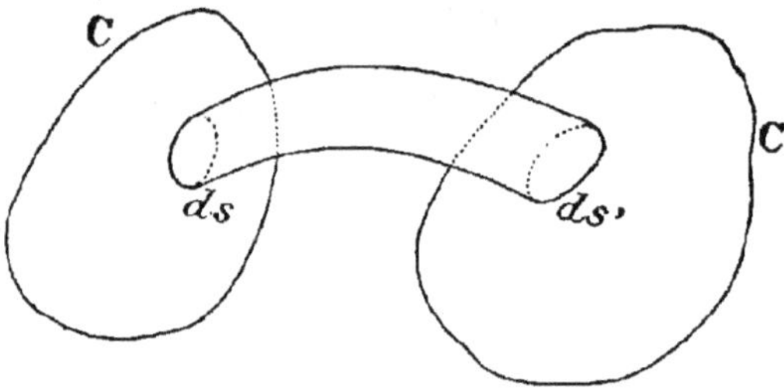

Fig. 34.

ces deux contours contiennent des quantités d'électricité égales et de signes contraires.

On en conclut qu'une ligne de force, qui aboutit par une extrémité à un conducteur, et, à un autre conducteur par l'autre extrémité, rencontrera des électricités de signes contraires à ses deux terminus.

On peut aussi conclure : une ligne de force ne peut exister entre deux points chargés de même électricité. Également, une ligne de force ne peut aboutir en un point d'un conducteur où la densité serait nulle.

Phénomènes d'Influence. — Nous pouvons maintenant expliquer, à l'aide du théorème de Gauss et de ses conséquences, l'expérience de Faraday.

Considérons un corps conducteur fermé Γ, présentant une poche intérieure, dans laquelle des masses électriques m_1, m_2 ..... se trouvent réparties *ad libitum* (fig. 35). Supposons tracée, dans le conducteur même, une surface S géométrique quelconque; puisque, dans le conducteur, le potentiel V est constant, le flux de force total à travers la surface est nul, si donc M est la charge totale répartie par influence sur la face intérieure de la poche du conducteur, nous aurons :

$$(m_1 + m_2 + \ldots) + M = 0.$$

Et ainsi, on voit que la couche développée à la surface de la poche est égale à la somme, changée de signe, des masses réparties à l'intérieur de la poche. Tout se passe donc, à partir de la surface de la poche,

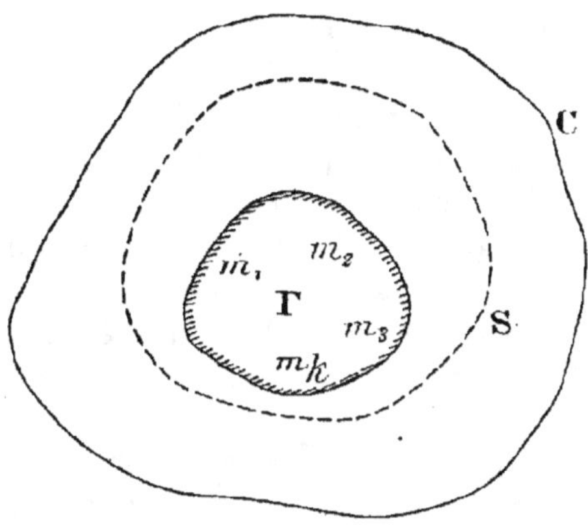

Fig. 35.

comme si aucune masse électrique n'existait à l'intérieur de cette poche; le conducteur, en un mot, forme écran et empêche toute action des masses de la poche sur l'extérieur.

En somme, aucune masse électrique ne peut exister libre et indépendante, car une telle masse crée autour d'elle un flux de force dont la valeur est $4\pi m$, ce flux aboutit sur des conducteurs à des charges dont la sommation égale précisément $-m$. La distance entre charges électriques se compensant peut être très grande; mais jamais une masse ne se sépare de la charge égale et de signe contraire à laquelle elle était unie, que pour se conjuguer à une autre charge équivalente qui la suit, de plus ou moins près, dans ses pérignations à travers l'espace.

Si des masses m_1, m_2, m_3, ... m_n sont enveloppées par une surface géométrique fermée, on peut remarquer que si cette surface était conductrice, elle se recouvrirait d'une couche — Σm qui, pour les points extérieurs annulerait l'action simultanée des forces émanant de m_1, ... m_n; par suite, la même couche changée de signe peut remplacer l'action simultanée de toutes les masses m_1, m_2, ...,. m_n sur les points extérieurs.

Distribution de l'Électricité à la surface des conducteurs. — L'étude de la distribution de l'électricité sur les conducteurs et de la répartition du potentiel dans un champ limité par une enceinte a fait l'objet de nombreux travaux d'un ordre trop élevé pour le cadre de cet ouvrage. Qu'il nous suffise de dire que la question a été traitée en toute rigueur, particulièrement par M. Poincaré (1). Nous allons indiquer ici les résultats nécessaires à l'étude de l'électrostatique courante, en donnant pour la justification de ces résultats des démonstrations qui n'offriront pas la rigueur complète de celles employées en analyse, mais qui suffiront amplement au but que nous poursuivons.

THÉORÈME. — *Si, sur chacun des conducteurs d'un système, on place différentes masses électriques, l'état d'équilibre est unique et bien déterminé, c'est-à-dire que les valeurs du potentiel aux divers points du champ soumis à l'action de ces conducteurs, ainsi que la répartition de la charge sur chaque conducteur, constituent un système de solutions unique et bien déterminé (2).*

Nous démontrerons un lemme préliminaire.

Dans un champ, en dehors des masses agissantes, il ne peut avoir ni maximum ni minimum pour le potentiel.

---

(1) La solution rigoureuse du problème de Dirichlet se trouve dans l'*American Journal of Mathematics* (t. IX). Voir aussi Analyse de M. E. Picard.
(2) Mascart et Joubert. *Leçons d'Électricité et de Magnétisme.*

Supposons qu'il n'en soit pas ainsi, et, considérons un point **P** du

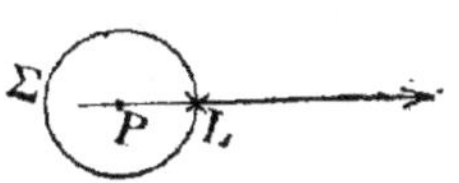

Fig. 36.

champ où le potentiel serait maximum. Ceci veut dire que tous les points voisins de P, et ce, dans toutes les directions autour de P, ont un potentiel inférieur à celui de P. Soit une sphère Σ de centre P (fig. 36) et de rayon assez petit (sans être infiniment petit) pour que tous les points à sa surface aient un potentiel inférieur à celui de P. Le flux élémentaire en un point L de cette sphère est $-\dfrac{dV}{dn}$; comme dV est négatif, le flux en tous les points de Σ sera positif, donc le flux total Q qui sort de Σ sera positif, ce qui indique qu'à l'intérieur de la sphère se trouve une quantité d'électricité *positive* égale à $\dfrac{Q}{4\pi}$. Ceci étant vrai, quelque petit que soit le rayon de Σ, on en conclut que cette quantité d'électricité positive est localisée en P. On verrait de même que, si en P le potentiel était minimum, P serait un pôle chargé d'électricité négative.

La réciproque est vraie, car si en un point P se trouve une quantité d'électricité positive m', on pourra choisir la distance ε à P assez petite pour que dans l'expression :

$$\frac{m'}{\varepsilon} + \Sigma\,\frac{m}{r},$$

expression du potentiel d'un point situé à la distance ε du point P, ce soit l'expression $\dfrac{m'}{\varepsilon}$ qui soit prépondérante aux environs, c'est-à-dire qui soit telle que sa variation soit beaucoup plus importante que la variation de $\Sigma\,\dfrac{m}{r}$; dans ces conditions, dans la sphère de rayon ε le potentiel va en décroissant du centre P à la surface et ainsi on voit bien que le potentiel en P est maximum.

Il ne peut donc exister ni *maximum* ni *minimum* dans un champ en dehors des masses agissantes.

Remarquons également que la superposition de deux états d'équilibre donne un nouvel état d'équilibre. En effet, appelons m la masse d'un point, V son potentiel dans un premier état d'équilibre, m' la masse et V' le potentiel relatif au même point dans un second état d'équilibre; je dis que si, en chaque point, j'ajoute les masses respectives du premier et du deuxième état d'équilibre, le potentiel résultant en ce point sera la somme du potentiel dans le premier état et du potentiel dans le deuxième état d'équilibre. En effet, les potentiels sont, pour un point choisi arbitrairement :

Premier état :

$$\Sigma \frac{m}{r} = V.$$

Deuxième état :

$$\Sigma \frac{m'}{r} = V'.$$

Troisième état :

$$\Sigma \frac{m + m'}{r} = \text{effectivement } V + V'.$$

De plus, la densité en un point est :

Premier état :

$$-\frac{1}{4\pi} \frac{dV}{dn} = \sigma.$$

Deuxième état :

$$-\frac{1}{4\pi} \frac{dV'}{dn} = \sigma'.$$

Troisième état :

$$-\frac{1}{4\pi} \frac{d(V + V')}{dn} = \text{effectivement } \sigma + \sigma.$$

Remarquons encore qu'un *système de conducteurs* P_1, P_2, ... P_n, *dont les charges sont toutes nulles séparément est nécessairement à l'état neutre.*

Un conducteur pourrait avoir une charge *totale* nulle sans pour cela qu'en tous ses points la densité soit nulle, rien *à priori* ne l'exige; nous allons donc supposer qu'en chacun des points des conducteurs, les densités ne soient pas nulles et nous démontrerons l'inexactitude de notre hypothèse. Soient V_1, V_2, ... V_n les potentiels des divers conducteurs.

Supposons que P_1 soit, de tous les conducteurs, celui au potentiel maximum V_1; comme la surface de ce conducteur est une surface équipotentielle, nous allons considérer une surface de niveau voisine au potentiel V'_1; V_1 est un maximum et, à part les conducteurs, on n'a pas de masse isolée, par conséquent on en déduit $V'_1 < V_1$, donc le flux en chaque point de cette surface de niveau est positif, et, comme la somme de ces flux élémentaires positifs est égale à la charge de P_1, c'est-à-dire est nulle, il en résulte que chaque flux élémentaire est nul; la densité en chaque point est donc nulle $\left(\text{puisque } \sigma = -\dfrac{d V}{d n}\right)$. Le conducteur P_1 est à l'état neutre, il peut ainsi être négligé. Successivement, on démontrerait de la même manière que les divers conducteurs sont à l'état neutre.

Ceci posé, nous pouvons démontrer le théorème que nous avons en vue. Reprenons nos conducteurs électrisés P_1, P_2,..... P_n en équilibre avec des charges totales C_1, C_2, ...C_n, et des densités σ aux divers points. Supposons que nous ayons, avec ce système de charges, deux états d'équilibre, le premier pour lequel un point quelconque M d'un conducteur ait une charge de densité σ_1, et un second pour lequel le même point quelconque ait une charge de densité σ_2.

En- changeant tous les signes des caractéristiques du second état, nous aurons encore un système de valeurs correspondantes à un état d'équilibre. Superposons ce nouvel état d'équilibre au premier, pour lequel M a une densité σ_1; on devra alors avoir, d'après une remarque précédente :

$$\sigma_1 - \sigma_2 = 0.$$

car dans ce nouvel état d'équilibre, tous les conducteurs ont une charge nulle, donc la densité $(\sigma_1, - \sigma_2)$ en M, dans ce nouvel état doit être nulle, et *notre proposition est démontrée.*

Supposons que nous connaissions la famille de surfaces équipotentielles dont un conducteur A électrisé fait partie; considérons la surface S, voisine du conducteur A et un point M sur A; menons la normale en M au conducteur A, soit M′ l'intersection de cette normale avec S, on aura :

$$\sigma = -\frac{1}{4 \pi} \cdot \frac{d V}{\overline{MM'}}$$

c'est-à-dire que la densité en un point M de A est inversement proportionnelle à la distance minima de M à une surface S de niveau, infiniment voisine, choisie une fois pour toutes.

Énergie relative des Conducteurs. — Considérons un élément de surface A quelconque, d'un corps conducteur P_1 faisant partie d'un ensemble de n corps conducteurs en présence $P_1, P_2, \ldots P_n$.

Ce conducteur, dans un premier état d'équilibre, sera au potentiel V_1 et sa masse sera M_1; quant à A, il aura une masse m_1. Dans un deuxième état d'équilibre *voisin*, le potentiel de P_1 sera devenu $V_1 + dV_1$, la masse sera alors $M_1 + dM_1$, et, la masse en A : $m_1 + dm_1$.

L'énergie nécessaire pour amener la masse m_1 de l'infini (c'est-à-dire du potentiel 0) au point qu'elle occupe actuellement sur le conducteur P_1, en présence des autres masses électriques, est pour le *premier état d'équilibre* :

$$m_1 V_1 = m_1 . \Sigma \frac{m}{r},$$

l'expression sous le signe Σ s'étendant à toutes les distances de A aux divers points des divers conducteurs (P_1 compris); on voit ainsi que chaque partie élémentaire d'énergie, mise en évidence dans le deuxième membre, sera comptée *une seconde fois* lorsqu'on s'occupera, successivement, des diverses masses réparties sur les divers conducteurs en présence.

Dans le deuxième état d'équilibre, on aura pour énergie de A :

$$(m_1 + dm_1)(V_1 + dV_1) = m_1 V_1 + m_1 dV_1 + V_1 dm_1 + dV_1 dm_1.$$

Ainsi, l'accroissement d'énergie de A en passant du premier au deuxième état d'équilibre est, en apparence :

$$V_1 dm_1 + m_1 dV_1 = d(m_1 V_1).$$

Si nous considérons tous les points du conducteur P_1, ils sont tous au même potentiel V_1 dans le même état d'équilibre, si on sommait pour tous les points du conducteur P_1, on aurait :

$$\Sigma d(m_1 V_1) = d(\Sigma m_1 \times V_1) = d(M_1 V_1).$$

On effectuera le même calcul pour chaque point de chaque conducteur et on sommera; on aura, en remarquant qu'un même *terme élémentaire* est compté *deux fois*, comme il a été dit au début de la démonstration :

$$d\,W = \frac{1}{2}\,d\,(M_1V_1),$$

et :

$$W-W_0 = \frac{1}{2}\,(M_1V_1 + M_2V_2 + \ldots + M_nV_n).$$

Or, pour l'état neutre d'équilibre, on a $W_0 = 0$ avec :

$$M_1 = M_2 = \ldots = M_n = 0,$$

conséquemment, $W = 0$, et enfin :

$$W = \frac{1}{2}\,(M_1\,V_1 + \ldots + M_n\,V_n).$$

Supposons qu'un système de corps conducteurs $P_1, P_2, \ldots P_n$ soient abandonnés à eux-mêmes; ils obéiront à leurs actions mutuelles et l'énergie relative du système diminuera de la valeur du travail mécanique produit, on aura donc :

$$d\,W + d\,T = 0.$$

Si, au contraire, on faisait travailler les corps en présence contre les actions mutuelles électriques, l'énergie du système augmenterait de la valeur du travail mécanique emprunté et on aurait encore :

$$d\,W + d\,T = 0,$$

mais $d\,T$ serait négatif.

Si une cause extérieure fournit de l'énergie, l'équation sera modifiée suivant chaque cas, mais toujours en accord avec le principe de conservation des forces vives.

CHAPITRE VI

Capacité des Conducteurs.

Théorème de G. Green (1). — Application au théorème de Clausius (2).
— Pour définir avec précision la capacité d'un corps conducteur,
nous allons démontrer un théorème de Georges Green, ce théorème
peut d'ailleurs, par ses applications, servir à la démonstration des
théorèmes précédents, nous ne l'utiliserons qu'à la démonstration
du théorème de Clausius, renvoyant le lecteur pour d'autres déve-
loppements aux ouvrages de Physique Mathématique qui traitent le
sujet. Les personnes qui feront de l'électricité statique une première
étude, pourront faire abstraction des passages suivants et se reporter,
immédiatement un peu plus loin, au paragraphe traitant du condensateur sphérique.

Lemme. — Considérons (fig. 37) un volume O, limité par une
surface S, appelons dv un élément de
volume de O et $d\omega$ un élément de surface
de S; de plus, menons la portion extérieure
de la normale en un point M de S; si
on appelle α, β, γ les cosinus directeurs
de la direction M N, Φ étant une fonction
quelconque de x, y, z, on aura :

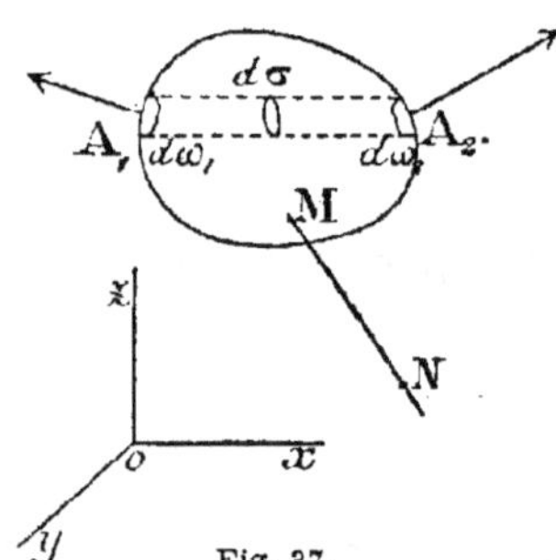

Fig. 37.

$$\iint \Phi . \alpha . d\omega = \iiint \frac{d\Phi}{dx} dv.$$

Si nous prenons, sur la surface S, un élément $d\omega$ quelconque et que
par le contour de $d\omega_1$, on mène le cylindre aux génératrices parallèles à x, on aura un second contour commun au cylindre et à la sur-

(1) Georges Green, mathématicien anglais, né et mort à Nottingham (1793-1841).

(2) Clausius, né à Köslin (Poméranie) en 1822, mort à Bonn en 1888. A introduit la fonction de l'entropie dans les sciences physiques et a énoncé deux affirmations grosses de conséquences : 1° l'Énergie de l'Univers est constante; 2° l'Entropie de l'Univers tend vers un maximum.

face S; soient $d\omega_2$ ce deuxième contour, $d\sigma$ la section de ce cylindre, Φ_1 la valeur de la fonction Φ au centre de gravité de $d\omega_1$, Φ_2 la valeur de Φ au centre de gravité de $d\omega_2$.

On a, en se limitant à la partie comprise dans le cylindre :

$$\iiint \frac{d\Phi}{dx}\, dv = \iiint \frac{d\Phi}{dx}\, dx\, d\sigma. \quad \text{car } dx.\, d\sigma = dv \ .$$

Si nous intégrons de A_1 à A_2 en laissant $d\sigma$ constant, c'est-à-dire si nous intégrons dans le cylindre précédemment considéré, nous aurons :

$$\iiint \frac{d\Phi}{dx}\, dx.\, d\sigma = \iint d\sigma \int \frac{d\Phi}{dx}\, dx = \iint (\Phi_2 - \Phi_1).\, d\sigma \ .$$

Or, $d\sigma = -\, d\omega_1 \alpha_1 = d\omega_2 \alpha_2$, en appelant α_1 le cosinus directeur avec ox de la normale en A_1, et α_2 le cosinus directeur avec ox de la normale en A_2, on a donc :

$$\iiint \frac{d\Phi}{dx}\, dv = \iint (\Phi_2\, \alpha_2\, d\omega_2 + \Phi_1\, \alpha_1\, d\omega_1) \ .$$

La deuxième partie de l'intégrale de surface devant intéresser les éléments pour lesquels α_1 est négatif, et la première partie de l'intégrale intéressant les éléments pour lesquels α_1 est positif, on peut donc écrire d'une façon générale :

$$\iiint \frac{d\Phi}{dx}\, dv - \iint \Phi\, \alpha\, d\omega \ ,$$

l'intégrale de surface intéressant aussi bien les points de la surface pour lesquels α est positif, que ceux pour lesquels α est négatif.

Si Ψ et χ sont deux autres fonctions de x, y, z, on aura :

$$\iiint \frac{d\Psi}{dy}\, dv = \iint \Psi\, \beta\, d\omega \ ,$$

$$\iiint \frac{d\chi}{dz}\, dv = \iint \chi\, \gamma\, d\omega \ ,$$

ou, en sommant :

$$\iiint \left(\frac{d\Phi}{dx} + \frac{d\Psi}{dy} + \frac{d\chi}{dz} \right) dv = \iint (\Phi\, \alpha + \Psi\, \beta + \chi\, \gamma)\, d\omega \ .$$

Posons maintenant :

$$\begin{cases} \Phi = U \dfrac{d V}{dx}, \\[2mm] \Psi = U \dfrac{d V}{dy}, \\[2mm] Z = U \dfrac{d V}{dz}, \end{cases}$$

Les intégrales deviendront :

$$\int\!\!\int\!\!\int \left(\frac{d U}{dx} \cdot \frac{d V}{dx} + \frac{d U}{dy} \cdot \frac{d V}{dy} + \frac{d U}{dz} \cdot \frac{d V}{dz} \right) dv +$$

$$\int\!\!\int\!\!\int U \left(\frac{d^2 V}{dx^2} + \frac{d^2 V}{dy^2} + \frac{d^2 V}{dz^2} \right) dv = \int\!\!\int U \left(\frac{d V}{dx} \alpha + \frac{d V}{dy} \beta + \frac{d V}{dz} \gamma \right) d\omega.$$

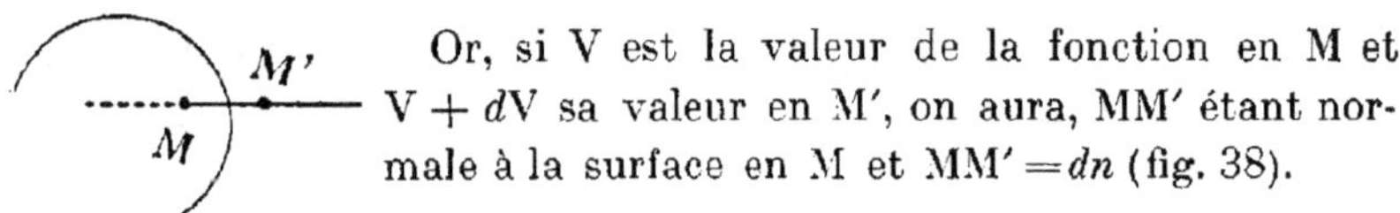

Or, si V est la valeur de la fonction en M et $V + dV$ sa valeur en M', on aura, MM' étant normale à la surface en M et $MM' = dn$ (fig. 38).

$$\alpha.\, dn = dx, \qquad \beta.\, dn = dy, \qquad \gamma.\, dn = dz,$$

Fig. 38.

de sorte que :

$$\frac{d V}{dx} \alpha + \frac{d V}{dy} \beta + \frac{d V}{dz} \gamma = \frac{d V}{dx} \frac{dx}{dn} + \frac{d V}{dy} \cdot \frac{dy}{dn} + \frac{d V}{dz} \frac{dz}{dn} = \frac{d V}{dn}.$$

Et l'égalité précédente, entre intégrales, devient :

$$\int\!\!\int U. \frac{d V}{dn} . d\omega = \int\!\!\int\!\!\int \left(\frac{d U}{dx} \cdot \frac{d V}{dx} + \frac{d U}{dy} \cdot \frac{d V}{dy} + \frac{d U}{dz} \cdot \frac{d V}{dz} \right) dv + \int\!\!\int\!\!\int U. \Delta V. dv.$$

Cette formule de Green a de nombreuses applications (1); suppo-

---

(1) Si on fait $U = 1$, en supposant que V représente un potentiel, on aura :

$$\int\!\!\int \frac{d V}{dn} d\omega = \int\!\!\int\!\!\int \Delta V. dv,$$

or, d'après la formule de Poisson :

$$\Delta V = - 4 \pi \rho$$

et ainsi :

$$\int\!\!\int\!\!\int \Delta V. dv = - 4 \pi \int\!\!\int\!\!\int \rho. dv = - 4 \pi \int\!\!\int\!\!\int \rho\, dv = - 4 \pi M,$$

en appelant M la masse intérieure d'électricité; comme $\int\!\!\int \dfrac{d V}{dn} d\omega$ est le flux changé de signe traversant la surface, on retrouve ainsi le théorème de Gauss démontré plus haut.

sons U et V, deux potentiels, puis après avoir permuté U et V dans la formule précédente, effectuons-en la différence membre à membre, nous aurons :

$$\iint \left(U \frac{dV}{dn} - V \frac{dU}{dn} \right) d\omega = \iiint (U \, \Delta V - V \, \Delta U) \, dv \ .$$

Le second membre est nul, en vertu de la formule de Laplace; si on suppose que la surface d'intégration ne contient pas de masses électriques à son intérieur, on aura :

$$\iint \left(U \frac{dV}{dn} - V \frac{dU}{dn} \right) d\omega = 0 \ .$$

Ceci posé, considérons une série de k corps conducteurs A, B, C, ... K enveloppés par une surface fermée L. Nous pourrons prendre comme volume O, la partie hachurée de la figure 39, de sorte que la surface S

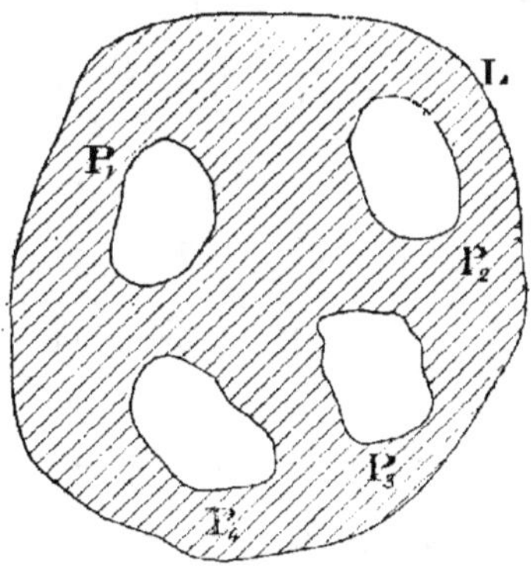

Fig. 39.

se compose de la surface de L et des surfaces internes de A, B..... K. La formule précédente pourra donc s'écrire :

$$\iint_L \left(U \frac{dV}{dn} - V \frac{dU}{dn} \right) d\omega + \iint_A \left(U \frac{dV}{dn} - V \frac{dU}{dn} \right) d\omega + ... +$$
$$\iint_K \left(U \frac{dV}{dn} - V \frac{dU}{dn} \right) d\omega = 0.$$

Or, considérons deux états d'équilibre définis par les caractéristiques suivants :

1er État $\begin{cases} \text{les masses sont : } M_L, M_A, M_B, \dots M_K \text{ sur les conducteurs L,A,B, } \dots K. \\ \text{les potentiels sont : } V_L, V_A, V_B, \dots V_K \text{ des conducteurs L,A,B, } \dots K. \end{cases}$

2^c État $\begin{cases} \text{les masses sont : } m_L, m_A, \dots m_K \text{ sur les conducteurs L,A,B, } \dots K. \\ \text{les potentiels sont : } U_L, U_A, \dots U_K \text{ des conducteurs L,A,B, } \dots K. \end{cases}$

En supposant que V prenne sur L, A, B,... K les valeurs V_L, V_A ... V_K, que U prenne sur L, A. B,... K les valeurs U_L U_A,... U_K, on aura, en remarquant que, sur chaque surface, les potentiels sont *invariables pour chaque état d'équilibre* :

$$\left[U_L \iint \frac{dV}{dn} d\omega - V_L \iint \frac{dU}{dn} d\omega \right] + \left[U_A \iint \frac{dV}{dn} d\omega - V_A \iint \frac{dU}{dn} d\omega \right] + \dots = 0.$$

Or, sur une surface d'un conducteur :

$$\iint \frac{dV}{dn} d\omega = -\frac{1}{4\pi} \iint \mu \, d\omega \, ,$$

en appelant μ la densité électrique superficielle en un point de la surface, donc :

$$\iint \frac{dV}{dn} d\omega = -\frac{1}{4\pi} M \, .$$

(M étant la charge du conducteur); la formule précédente peut donc s'écrire :

$$(U_L . M_L - V_L . m_L) + \Sigma (U_A . M_A - V_A . m_A) = 0.$$

C'est *le théorème de Clausius.*

Si nous supposons que L est suffisamment loin des masses agissantes, ou que L se confonde avec le sol, on aura $U_L = V_L = 0$, et la formule de Clausius se réduit à :

$$\Sigma (U_A . M_A - V_A . m_A) = 0 \, .$$

Nous allons maintenant pouvoir définir la *capacité d'un corps isolé* au milieu de l'espace comprenant des conducteurs, tous au même

potentiel zéro de l'enceinte. Dans cette hypothèse, si tous les conducteurs, sauf A, sont au potentiel 0 de la terre, on aura :

$$U_A.M_A - V_A.m_A = 0,$$

ou :

$$\frac{M_A}{V_A} = \frac{m_A}{U_A},$$

ce qui permet de conclure :

Si un conducteur isolé A *est dans une position invariable au milieu
d'un champ où se trouvent d'autres conducteurs fixes, reliés à la terre, le
rapport de la charge de ce conducteur à la valeur de son potentiel sous
cette charge est constant, et ce rapport s'appelle la capacité de ce conducteur relativement à sa position actuelle.*

On a ainsi :

$$\frac{M_A}{V_A} = C^{te} = C,$$

C'est donc une fonction des *positions géométriques* seules des divers
conducteurs en présence.

Si les conducteurs autres que A ne sont pas reliés entre eux et au sòl,
on voit que si on connaît un premier état d'équilibre $\left(\begin{matrix}M_A \ M_B \ \dots\dots \ M_K \\ V_A \ V_B \ \dots\dots \ V_K\end{matrix}\right)$
et également un deuxième état d'équilibre où seront définis *seulement*
les caractéristiques des conducteurs autres que A soient $\left(\begin{matrix}m_B \ \dots\dots \ m_K \\ U_B \ \dots\dots \ U_K\end{matrix}\right)$.
on aura :

$$U_A.M_A - m_A.V_A = C^{te},$$

de sorte que dans le second système, le potentiel indéterminé U_A et
la masse indéterminée m_A seront seulement assujettis à satisfaire à
une équation linéaire, et ainsi le rapport :

$$\frac{m_A}{U_A},$$

ne sera pas constant, mais la fixation des valeurs du potentiel et de
la masse du conducteur A, alors que les potentiels et les masses de

tous les autres conducteurs auront été fixés, ne présentera plus qu'une indétermination de nature simple.

Supposons que les deux états *d'équilibre* soient voisins, alors on aura :

$$U_I = V_I + d\,V_I,$$

$$m_I = M_I + d\,M_I\,;$$

et la formule

$$\Sigma\,(U_I.M_I - m_I.V_I) = 0,$$

devient :

$$\Sigma\,(M_I.d\,V_I - V_I.d\,M_I) = 0.$$

En appelant E l'énergie relative du système de conducteurs *en équilibre électrostatique*, nous avons :

$$\Sigma\,(M_I d\,V_I + V_I d\,M_I) = 2\,d\,E\,;$$

on en conclut que :

$$\Sigma\,(M_I d V_I) = \Sigma\,(V_I d\,M_I) = d\,E.$$

Définition du Condensateur. — On appelle condensateur tout système de conducteurs dont la disposition permet d'accroître notablement la capacité de l'un d'entre eux.

Condensateur sphérique. — Supposons une sphère creuse A, conductrice (fig. 40) de rayon R′, contenant à son intérieur, une sphère de rayon R concentrique et conductrice B; la sphère extérieure sera mise en communication constante avec le sol et sera ainsi au potentiel zéro; ainsi que nous l'avons déjà vu, cette sphère extérieure servira d'écran à la sphère intérieure de telle façon qu'on ignorera, *électriquement parlant*, dans l'intérieur de A, tous les divers états électriques extérieurs. On chargera B, en le mettant par un fil long et fin, en communication avec une source; le fil fin n'apportera pas par ses dimensions de perturbation à l'expérience. Calculons le potentiel de la sphère B pour une charge M de cette sphère, en remarquant que la surface interne de A s'est chargée d'électricité de signe contraire et que sa charge est —M.

Le potentiel sera le même en tous les points de la sphère; or, au centre, il a pour valeur :

$$\frac{M}{R} - \frac{M}{R'} = V\,,$$

et ainsi :

$$\frac{M}{V} = \frac{RR'}{R' - R}\cdot$$

Le rapport de la charge au potentiel est donc constant, c'est ce

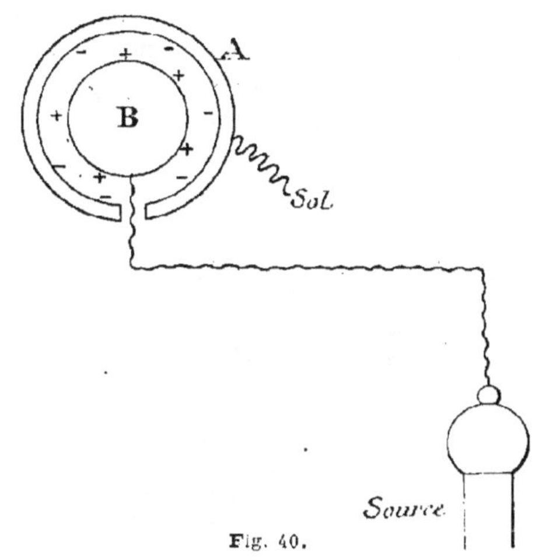

Fig. 40.

que nous avons déjà précédemment prouvé dans le cas le plus général; cette constante s'appelle *la capacité de B en présence de A* ; on a :

$$\frac{M}{V} = C = \frac{RR'}{R' - R}\cdot$$

Si les sphères sont très rapprochées, on aura :

$$R' = R + \varepsilon,$$

et ainsi :

$$C = \frac{R\,(R + \varepsilon)}{\varepsilon} = \frac{R^2}{\varepsilon} \quad \text{(à un infiniment petit près)}.$$

En multipliant haut et bas par 4π, on aura, en appelant S la surface de la sphère :

$$C = \frac{S}{4 \pi \varepsilon}.$$

Condensateur plan. — Supposons maintenant que nous ne considérions qu'une partie s′ de cette sphère, la capacité de cette partie sera évidemment :

$$C' = \frac{s'}{4 \pi \varepsilon}.$$

Sans faire varier ni s′ ni ε, augmentons le rayon de la sphère en éloignant de plus en plus son centre vers l'infini; on aura, à la limite, deux parties de plans parallèles, séparés par une épaisseur ε dont les aires seront égales à s′; la capacité d'un tel condensateur sera encore :

$$C' = \frac{s'}{4 \pi \varepsilon}.$$

Capacité d'une sphère dans l'espace. — Si dans l'expression :

$$\frac{M}{V} = C = \frac{R R'}{R' - R},$$

on suppose R fixe et que R′ tend vers l'infini, on voit que :

$$\text{Limite de } C = \frac{R}{1 - \dfrac{R}{R'}} = R.$$

Force condensante d'un condensateur. — On appelle force condensante d'un condensateur le quotient par la capacité du conducteur A supposé seul dans l'espace, de la capacité de ce même conducteur A, lorsqu'il est en présence d'un ou plusieurs autres conducteurs reliés au sol et formant avec ces derniers un condensateur.

Par exemple, une sphère de rayon R a pour capacité R lorsqu'elle est seule dans l'espace, mais si une sphère conductrice de rayon R′ l'enveloppe concentriquement, sa capacité devient :

$$\frac{R R'}{R' - R}.$$

La force condensante est donc, dans ce cas :

$$\frac{R'}{R'-R} \cdot$$

Si, en particulier, on suppose $R' = 50,5$ centimètres et $R = 50$ centimètres, d'après une définition donnée plus haut, la capacité de ce condensateur sera $\frac{(50,5)^2}{0,5} = 5100$ unités C.G.S. électrostatiques.

On aura donc pour force condensante la valeur : $\frac{50,5}{0,5} = 101$.

Théorème de Riemann (1). — Deux conducteurs A et B sont mis en présence dans un milieu isolant; dans leur voisinage, des corps conducteurs peuvent se trouver en nombre quelconque, mais sont tous en communication avec le sol. Le conducteur A étant porté au potentiel V_1 et B communiquant avec le sol, ce dernier prendra une charge Q_B. Si le corps B est porté au potentiel V_1, si A communique avec le sol, les conducteurs voisins n'ayant pas été modifiés, le conducteur A prendra une charge $Q_A = Q_B$.

Ce théorème est la conséquence de la formule de Clausius au cas où on réduit le nombre des corps conducteurs influençants à deux, il suffira d'écrire l'égalité dans les deux cas prévus dans l'énoncé du théorème de Riemann, pour que la conclusion ressorte d'elle-même.

Bouteille de Leyde. — **Condensateur d'Æpinus** (2). — La bouteille de Leyde (fig. 41) est une bouteille en verre d'aussi faible épaisseur que possible; les deux faces de cette bouteille, interne et externe, sont couvertes de lames en métal, de l'étain généralement, jusqu'à une certaine distance du goulot. On a recouvert de gomme laque la partie non couverte d'étain. L'armature interne communique avec une tige métallique terminée par un bouton et qui traverse le goulot à travers un bouchon isolant. Quand une bouteille de Leyde a de grandes dimensions, on lui donne le nom de jarre.

---

(1) Riemann, mathématicien célèbre d'Allemagne, né en 1826, mort en 1866. Successeur de Dirichlet en 1859 à l'Université de Gœttingue. En plus de ses remarquables travaux sur les sciences mathématiques, il fut publié en 1876, comme œuvre posthume, *Electrizität und Magnetismus*.

(2) Hoch (François-Ulric-Théodore), dit Æpinus, physicien allemand, né à Rostock en 1724, mort à Dorpat en 1802.

Le condensateur d'Æpinus (fig. 42) est composé de deux plateaux métalliques isolés, qu'on peut mouvoir dans des glissières jusqu'à les faire appliquer contre les faces opposées d'une lame de verre bien sèche. Les étalons de capacité du commerce sont formés par la superposition de lames d'étain que séparent des feuilles de mica ou de papier pa-

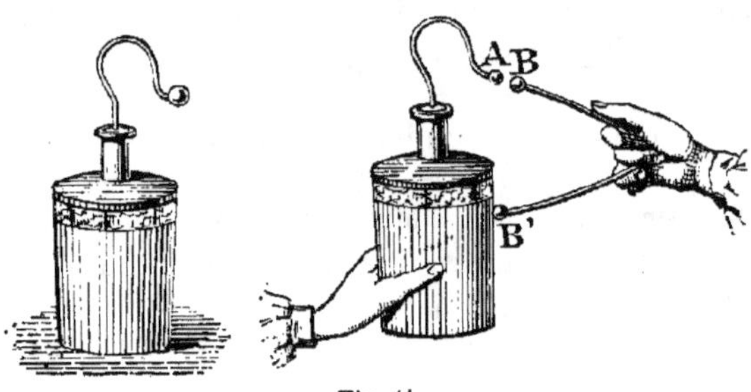

Fig. 41.

raffiné ; on fait en sorte de faire dépasser toutes les feuilles d'étain portant un numéro d'ordre pair d'un côté de l'empilage et toutes les feuilles d'étain portant un numéro d'ordre impair de l'autre côté de l'empilage. Toute la pile est comprimée à la presse et séchée à l'étuve ; on peut, de cette façon, obtenir sous un très faible volume des surfaces condensantes considérables, offrant une très grande capacité.

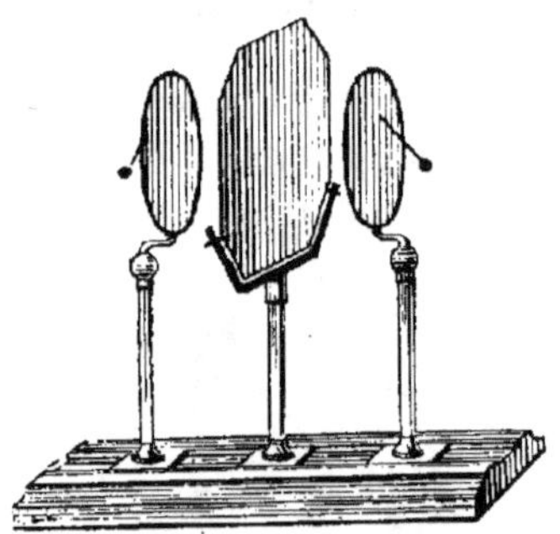

Fig. 42.

Unité de capacité. — L'unité C.G.S. [de capacité électrostatique est le centimètre. C'est la capacité d'une sphère *absolument isolée dans l'espace* dont le rayon serait 1 centimètre.

Dans le système d'unités pratiques, on prend, comme nous l'avons déjà dit, le coulomb pour unité de quantité et le volt pour mesurer le potentiel; pour satisfaire aux formules simples théoriques, il est nécessaire de prendre pour unité de capacité, la capacité d'un condensateur tel qui se charge *d'un coulomb* lorsqu'il est porté *à un volt*. Cette capacité, qu'on appelle le Farad, vaut $3^2 \times 10^{20} \times 10^{-9} = 3^2 \times 10^{11}$ *unités électrostatiques C.G.S.* de capacité. La grandeur extrême du Farad fait qu'on évalue ordinairement les capacités en microfarads, le microfarad vaut $3^2 \times 10^5$ unités électrostatiques C.G.S. de capacité, ce sera la capacité d'une sphère isolée placée dans un milieu indéfiniment libre et d'un rayon égal à 900.000 centimètres.

La capacité de la terre dans l'immensité sera donc :

$$C = \frac{4.000.000.000}{2 \times 3,1415926} \times \frac{1}{900.000} \text{ microfarads,}$$

$$= \frac{2 \times 10^9}{9 \times 3,1415926 \times 10^5} = \frac{2 \times 10^4}{9 \times 3,1415926} = 707,3 \text{ microfarads.}$$

Énergie d'un conducteur électrisé. — Nous avons vu que, si M était la charge de ce conducteur et V son potentiel par rapport au sol, l'énergie de ce conducteur était :

$$W = \frac{1}{2} M.V.$$

Si C est la capacité du conducteur supposé entouré de conducteurs de position fixe et reliés au sol, on aura :

$$W = \frac{1}{2} MV = \frac{1}{2} CV^2,$$

ou encore :

$$W = \frac{1}{2} MV = \frac{1}{2} \frac{M^2}{C}.$$

Si le conducteur est disposé comme un condensateur plan, séparé d'une épaisseur constante e, d'un autre conducteur relié au sol, on aura, en appelant S l'aire des surfaces planes en présence :

$$W = \frac{1}{2} MV = \frac{1}{2} CV^2 = \frac{S}{8 \pi e} V^2.$$

Décharge des Condensateurs. — Prenons un excitateur à manches de verre, formé, ainsi que la figure n° 43 le montre, de deux tiges métalliques C et D, à charnière autour d'un point O; cet appareil peut être tenu à l'aide de manches de verre. Si on touche avec C une des armatures d'un condensateur et que, maintenant C au contact, on approche D de l'autre armature, un peu avant que le contact soit effectué, on voit éclater une étincelle. Si une des armatures enveloppe pratiquement l'autre d'une façon complète, on vérifie après le contact de D avec la deuxième armature, que les deux armatures du condensateur sont à l'état neutre. On dit, quand on opère comme il vient d'être fait, qu'on a opéré une décharge brusque.

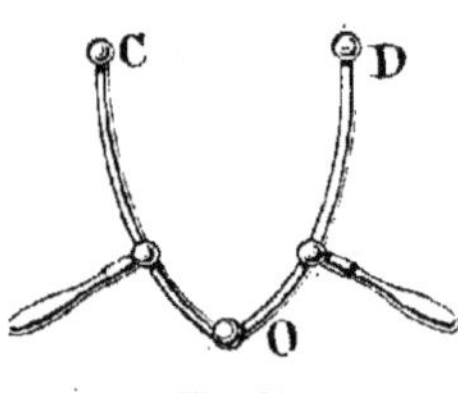
Fig. 43.

On peut opérer d'une autre manière, illustrée par l'expérience de l'araignée de Franklin (1). Un petit conducteur C (fig. 44), ayant une

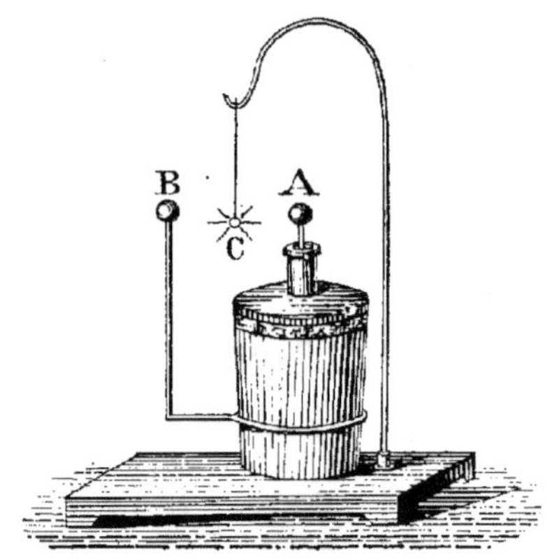
Fig. 44.

forme rappelant celle d'une araignée, est suspendu à l'aide d'un fil de soie isolant entre deux boutons A et B communiquant chacun à

---

(1) Franklin (Benjamin), philosophe, physicien et homme d'État américain, né à Boston en 1706, mort à Philadelphie en 1790.

une des armatures de la bouteille de Leyde. Il est attiré successivement par chacune et sert de véhicule à l'électricité qui se recombine. On peut modifier l'expérience avec la bouteille de Leyde de la façon suivante : on isole les armatures de cette bouteille, puis successivement on met, à l'aide de l'excitateur, l'une, puis l'autre armature, en communication avec le sol; à chaque fois se produit une petite étincelle, dont la vivacité va en diminuant au fur et à mesure que l'expérience se prolonge. Le mécanisme de la décharge et son calcul sont faciles à tracer, nous n'insisterons donc pas davantage.

Combinaisons des Condensateurs entre eux. — On a vu que l'énergie d'un condensateur à lame d'air était donnée par la formule :

$$W = \frac{S}{8\pi e} V^2;$$

on ne peut donc songer à emmagasiner de grandes quantités d'électricité qu'à la condition de prendre e aussi petit que possible et S aussi grand que possible.

En pratique, e ne peut pas être pris inférieur à une certaine valeur, car au-dessous d'une épaisseur limite, la matière isolante ne résiste plus à la tension électrostatique et une étincelle permet la recombinaison des charges en ouvrant un passage à travers la lame isolante.

Quand on a plusieurs condensateurs, on peut les grouper en batterie (fig. 45); on peut associer ces condensateurs suivant deux méthodes différentes :

1° *Batteries en surface.* — Les condensateurs sont dits en surface, lorsque toutes les armatures extérieures sont reliées ensemble et qu'on procède de même pour toutes les armatures intérieures.

Soient C_1, C_2, ... C_n les capacités de chaque condensateur pris isolément et C la capacité du condensateur résultant de leur association en surface, le potentiel aux bornes de chaque condensateur et du condensateur résultant est identique dans une même opération; si M_k est la charge du condensateur de capacité C_k, (k pouvant prendre toutes les valeurs de 1 à n) et M la charge du condensateur résultant on aura :

$$M_1 = C_1 V, \; ..... \; M_n = C_n V,$$
$$CV = M = M_1 + M_2 + ... + M_n,$$

ou :

$$C.V = (C_1 + C_2 + ... + C_n) V \quad \text{et} \quad C = \sum_{k=1}^{k=n} C_k :$$

et ainsi la capacité C **est la somme** des capacités de chaque condensateur. Quant à l'énergie relative, **elle** est :

$$W = \frac{1}{2} CV^2 = \frac{1}{2} \Sigma\, C_k \times V^2 = \frac{1}{2} (C_1 V^2 + C_2 V^2 + ... + C_n V^2);$$

ou encore :

$$W = W_1 + W_2 + ... + W_n.$$

2° *Batteries en cascade.* — Les condensateurs étant isolés entre eux avec soin, on fait communiquer l'armature intérieure du premier avec l'armature extérieure du second et ainsi de suite.

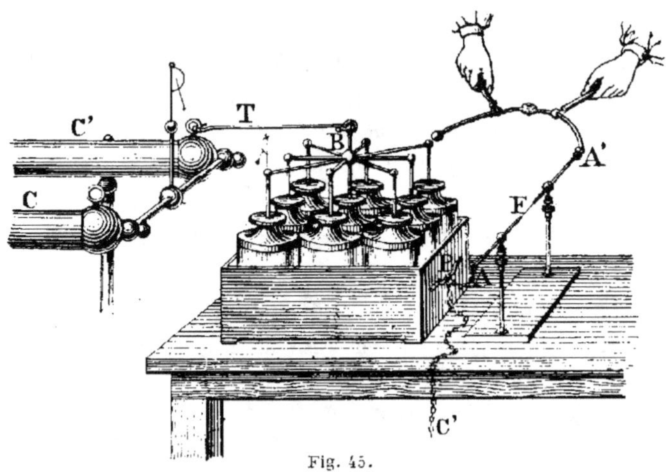

Fig. 45.

Soient C_1, C_2,... C_n les capacités de chaque isolateur pris isolément, C la capacité du condensateur résultant de leur groupement en cascade, soient de plus V_1, la différence de potentiel aux **bornes du premier** condensateur, $V_2, V_3, \ldots V_n$ les différences de potentiel aux bornes des $(n-1)$ autres condensateurs, on remarquera d'abord que si M est la charge sur l'armature externe du premier condensateur, la charge sera — M sur l'armature interne; comme l'ensemble isolé formé par l'armature interne du premier condensateur et l'armature externe du second était, au début, à l'état neutre, il en résulte que + M est la charge de l'armature externe du second condensateur, et, d'une façon générale, de toutes les armatures externes des n condensateurs en cascade. Le condensateur résultant, qui a pour armature externe précisément la première armature externe, aura une charge égale à M, mais la différence de potentiel entre les armatures du condensateur résultant est ici évidemment la somme de $V_1 + V_2 + \ldots + V_n$.

Ceci remarqué, on peut écrire les deux égalités :

$$M = C_1 V_1 = C_2 V_2 = \ldots = C_n V_n ,$$
$$M = C (V_1 + V_2 + \ldots + V_n) ;$$

d'où on tirera :

$$M = \frac{V_1}{\dfrac{1}{C_1}} = \frac{V_2}{\dfrac{1}{C_2}} = \ldots = \frac{V_n}{\dfrac{1}{C_n}} = \frac{V_1 + V_2 + \ldots + V_n}{\dfrac{1}{C_1} + \dfrac{1}{C_2} + \ldots + \dfrac{1}{C_n}} ;$$

mais :

$$M = \frac{V_1 + V_2 + \ldots + V_n}{\dfrac{1}{C}} .$$

donc :

$$\frac{1}{C} = \frac{1}{C_1} + \frac{1}{C_2} + \ldots + \frac{1}{C_n} .$$

Ainsi, quand on groupe les condensateurs en cascade, l'inverse de la capacité du condensateur résultant est égale à la somme des inverses des capacités des condensateurs composants.

On aura pour énergie relative de chaque condensateur :

$$W_1 = \frac{1}{2}\frac{M^2}{C_1} , \qquad W_2 = \frac{1}{2}\frac{M^2}{C_2} , \qquad \ldots \qquad W_n = \frac{1}{2}\frac{M^2}{C_n} ;$$

donc :

$$W_1 + W_2 + \ldots + W_n = \frac{1}{2}\left(\frac{1}{C_1} + \ldots + \frac{1}{C_n}\right) M^2 = \frac{1}{2}\frac{M^2}{C},$$

et :

$$W_1 + W_2 + \ldots + W_n = W.$$

Problème. — On a une batterie de n condensateurs égaux, pouvant chacun supporter, au maximum, un potentiel V, on demande le maximum d'énergie emmagasinable dans la batterie, sans risquer de la détériorer.

Soit C, la capacité des condensateurs égaux, on aura évidemment en surface :

$$W = \frac{1}{2}(n\,C)\,V^2 = \frac{1}{2}\,n.\,C.\,V^2,$$

et, en combinant en cascade :

$$W = \frac{1}{2}\frac{C}{n}(n\,V)^2 = \frac{1}{2}\,n.\,C.\,V^2.$$

Le maximum d'emmagasinage est donc le même, qu'on charge en surface ou en cascade.

En pratique, on pourra, si on veut une décharge à haut potentiel, charger *séparément* chacun des condensateurs au potentiel maximum qu'il peut supporter, puis grouper ensuite en cascade. Si, au contraire, on veut une décharge à grosse quantité, on chargera directement chaque condensateur à la source fournissant une différence de potentiel V, puis on groupera les éléments en surface.

CHAPITRE VII

Diélectriques. — Pouvoir inducteur spécifique.

***

Définition des diélectriques. — Nous avons, dans tout ce qui précède, supposé que le milieu qui sépare les corps conducteurs en présence était de l'air. Les valeurs de la capacité d'un corps, dans un milieu de conducteurs électrisés, séparés par des milieux autres que l'air, dépendent encore de la nature de ces milieux isolants, auxquels Faraday a donné le nom de diélectriques.

Prenons (fig. 46) un condensateur plan ab à lame d'air, et astreignons-nous à le tenir chargé sous une différence de potentiel *constante* V, en mettant a en communication avec une source d'électricité de grande capacité, pendant que b est mis en communication avec le sol par l'intermédiaire d'une clé de circuit c. Ceci fait, si nous mettons b en communication avec le bouton d'un électroscope E à feuilles d'or,

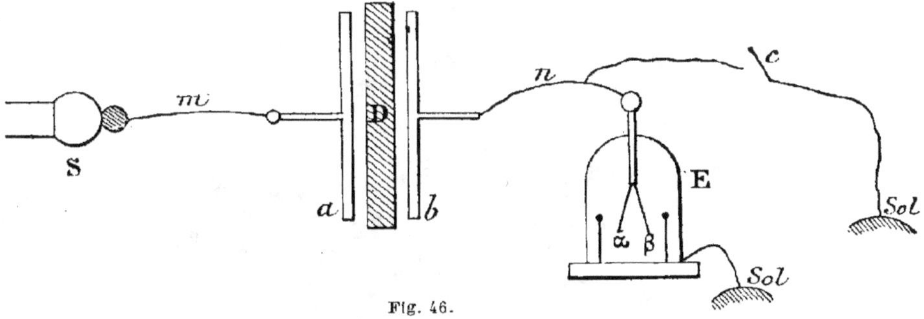

Fig. 46.

dont *la cage est reliée au sol*, nous constaterons que, dans ces conditions, les feuilles ne divergent point, même lorsqu'après les premiers instants on ouvre la clé de circuit c dans la position indiquée par la figure 46.

Si, la clef de circuit étant ouverte, la charge de b vient à varier, les feuilles divergent; car, en effet, si la charge de b augmente, de l'électricité de nom contraire à celle de *b* se développera dans les feuilles qui divergeront; si, au contraire, la charge de *b* diminuait, de l'électricité de même nom que celle de *b* se développerait dans les feuilles.

Or, si entre *a* et *b* on interpose une lame isolante D solide, on voit immédiatement la divergence des feuilles; comme le potentiel n'a pas varié et que la charge M a varié, c'est que la capacité du condensateur, par le fait même de la présence de D, a varié.

Pour expliquer ce phénomène, nous rappellerons que, si on joint les armatures d'un condensateur à lame *d'air*, on en tire une étincelle, mais si après avoir rompu la communication, on rejoint les armatures, il est impossible de tirer une *deuxième* étincelle. Il n'en est plus de même avec un condensateur à lame solide, on peut tirer des étincelles successives, de moins en moins intenses, il est vrai. Aucune substance solide n'est, en réalité, *absolument* isolante et, sous une durée plus ou moins longue, la charge pénètre dans le diélectrique, les masses en présence se trouvent de ce fait moins écartées et il est naturel de voir la capacité augmenter après le remplacement d'une tranche d'air par une tranche égale d'un diélectrique solide quelconque.

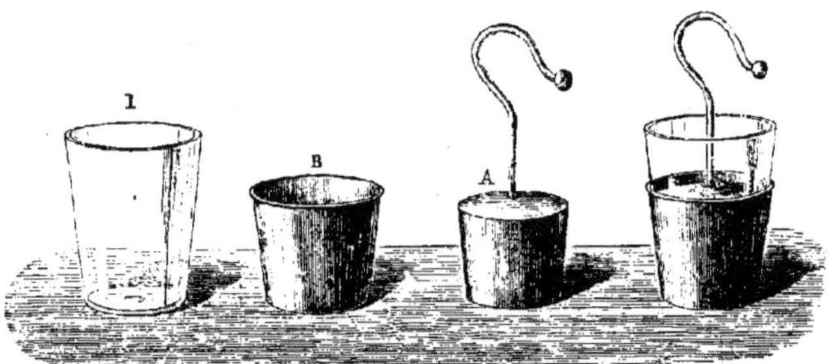

Fig. 47.

Absorption électrique des diélectriques. — Ce phénomène d'absorption, que nous faisions prévoir au paragraphe précédent, peut être illustré de la manière suivante par l'expérience de la bouteille de Leyde décomposée (fig. 47). Le diélectrique en verre conique I, l'armature extérieure A, et l'armature intérieure B peuvent se décomposer comme l'indique la figure. On charge la bouteille complète, puis, après l'avoir isolée, on la décompose en ses morceaux; les deux armatures mises en contact ne donnent qu'une faible étincelle; on décharge complètement ces armatures, puis, on recompose la bouteille, et, on constate que l'étincelle qu'il est possible d'obtenir en mettant les armatures en communication, est sensiblement aussi intense que celle qu'on aurait eue avant de décomposer la bouteille en ses divers morceaux. Ainsi donc, tout s'est passé comme si *l'électricité s'était logée* dans le diélectrique.

Le phénomène constaté au début de ce chapitre n'est cependant pas dû seulement à la pénétration des charges, car comme cette pénétration est lente, on devrait, après une charge très rapide d'un condensateur à lame isolante, suivie *immédiatement* d'une mesure par des moyens qui seront indiqués aux chapitres de cette encyclopédie traitant des mesures, on devrait, disons-nous, trouver la même capacité que si la lame isolante du condensateur était formée d'air. Il n'en est rien, la capacité d'un condensateur à lame solide commence à diminuer en même temps que la durée de la charge; puis, après une durée égale à une faible fraction de la seconde, cette capacité devient constante ; mais cette valeur limite est toujours notablement supérieure à la capacité du condensateur de même dimension à lame d'air.

Si on prend un condensateur à lame d'air d'épaisseur e, on mesurera une capacité C du condensateur ; si on remplace par une lame isolante d'épaisseur e, on constatera que la capacité C′ du conducteur (en régime permanent) est devenue :

$$C' = KC.$$

Pouvoir inducteur spécifique. — La constante K est ce qu'on appelle le pouvoir inducteur spécifique du diélectrique. Le pouvoir spécifique d'un diélectrique D est le nombre par lequel il faut multiplier la capacité d'un condensateur à lame d'air pour avoir celle du même condensateur dans lequel la lame d'air serait remplacée par une lame du diélectrique D.

C'est à Cavendish (1), en 1771, qu'on doit la découverte de la propriété que les isolants possèdent d'augmenter la capacité d'un condensateur, quand on remplace l'air par ces isolants.

Nous ne décrirons pas l'expérience de Cavendish, nous ne donnerons que l'exposé des expériences de Faraday sur le même objet; nous donnerons les résultats obtenus par Gordon, sans décrire toutefois les expériences de ce physicien.

Expériences de Faraday. — Pour mesurer le pouvoir inducteur spécifique, Faraday employait deux condensateurs de forme géométrique identique; c'était deux bouteilles de Leyde, sphériques, chacune était constituée comme l'indique la figure 48.

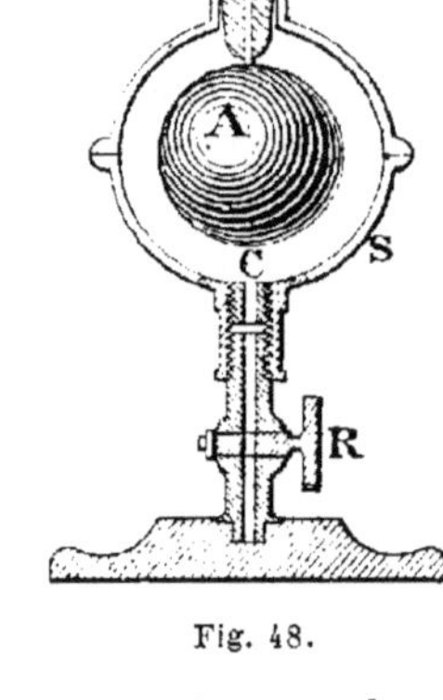

Pour vérifier que ces deux condensateurs sont bien électriquement identiques, on chargera la première A, puis on mettra les armatures de même nom de A et de B en communication électrique ; si on mesure successivement les charges de A et B à l'aide d'un ensemble composé d'un plan d'épreuve, d'un cylindre de Faraday et de la balance de Coulomb, on vérifiera l'identité de ces charges.

Ceci fait, on coulera soigneusement dans la partie vide du condensateur B une matière isolante, du soufre, par exemple, de façon à remplir complètement l'intervalle. On effectuera les mêmes opérations que précédemment, et on reconnaîtra que les charges, après contact des armatures de même nom des condensateurs, ne sont pas les mêmes, mais que ces charges M_A et M_B sont dans un rapport différent de l'unité :

$$\frac{M_B}{M_A} = K,$$

Fig. 48.

---

(1) Cavendish (Henri), physicien et chimiste anglais, né en 1731, membre de la Société royale de Londres depuis 1760 et de l'Académie des Sciences de France en 1802, mort à Clapham-Common, près de Londres, en 1810.

comme les condensateurs sont au même potentiel, il en résulte que ce rapport est bien ce que nous avons appelé le pouvoir inducteur spécifique de la substance, en l'espèce, du soufre.

Faraday a effectué (en 1837) plusieurs séries d'expériences sur les solides et les gaz; pour tous les gaz, il trouva que K était égal à 1, cela provenait du manque de précision de la méthode. D'ailleurs, comme celles de Cavendish et de Gordon, ces expériences sont entachées d'une erreur systématique due à ce que ces savants ne tenaient pas compte de la pénétration des charges.

Les résultats obtenus par Gordon sur les solides sont consignés au tableau suivant :

Verre	3,24	Gutta-Percha.	2,46
Paraffine.	1,99	Caoutchouc (noir	2,22
Soufre.	2,58	Caoutchouc (vulcanisé	2,50
Gomme laque.	2,74	Ébonite	2,28

Avec la méthode de Gordon, on a mesuré les pouvoirs inducteurs de quelques liquides; Gordon lui-même a fait le travail pour le sulfure de carbone, et M. Négréano pour d'autres liquides. Le tableau suivant résume ces diverses expériences; en troisième colonne se trouve la valeur de l'indice de réfraction que les théories de Maxwell indiquent comme devant être égale à la racine carrée du pouvoir inducteur spécifique; la valeur indiquée au tableau est celle de la raie D du spectre.

Benzine pure	$K = 2,2921$;	$\sqrt{K} = 1,5139\ldots$;	$n_D = 1,5062$;
Toluène	$K = 2,242\ldots$;	$\sqrt{K} = 1,4949\ldots$;	$n_D = 1,4912$;
Xylène.	$K = 2,2679\ldots$;	$\sqrt{K} = 1,5059\ldots$;	$n_D = 1,4897$;
Métaxylène.	$K = 2,3781\ldots$;	$\sqrt{K} = 1,5421\ldots$;	$n_D = 1,4977$;
Pseudocumène .	$K = 2,4310\ldots$;	$\sqrt{K} = 1,5591\ldots$;	$n_D = 1,4837$;
Cymène	$K = 2,4706\ldots$;	$\sqrt{K} = 1,5716\ldots$;	$n_D = 1,4837$;
Essence de térébenthine . . .	$K = 2,2618\ldots$;	$\sqrt{K} = 1,5039\ldots$;	$n_D = 1,4726$.

M. Boltzmann, en 1874, a effectué le même travail pour les gaz; l'expérimentation devient, pour ce cas, très délicate, nous n'indiquerons que les résultats; le pouvoir spécifique K est pris ici par rapport au vide.

Air . . . . $K = 1.000.59$; $\sqrt{K} = 1,000.295$; $n = 1,000.294$;
Acide carbonique. . . $K = 1,000.946$; $\sqrt{K} = 1,000.473$; $n = 1,000.449$;
Hydrogène . . . . . . $K = 1,000.264$; $\sqrt{K} = 1,000.132$; $n = 1,000.138$;
Oxyde de carbone . . . $K = 1,000.690$; $\sqrt{K} = 1,000.345$; $n = 1,000.340$;
Protoxyde d'azote . . $K = 1,000.984$; $\sqrt{K} = 1,000.492$; $n = 1,000.503$;
Bicarbure d'hydrogène. $K = 1,001.312$; $\sqrt{K} = 1,000.656$; $n = 1,000.678$;
Protocarbure d'hydrog. $K = 1,000.944$; $\sqrt{K} = 1,000.472$; $n = 1,000.443$.

La valeur de K varie beaucoup suivant les durées de la charge pour chaque corps ; les nombres obtenus pour K sont compris entre un maximum correspondant aux longues charges et un minimum, limite vers laquelle tendent les mesures avec des durées de charge de moins en moins prolongées. Cette limite n'est pratiquement atteinte qu'avec des durées de charge souvent infimes ; ainsi, pour le verre, la durée est de l'ordre de 10^{-8} secondes. Pour les durées correspondantes au maximum, on obtient, pour le verre, 3 à 6 secondes. Mais tous ces chiffres sont variables d'une substance à l'autre.

Si on se reporte aux expériences de Coulomb, effectuées dans l'air, on voit que toute la théorie a pris comme point de départ la formule des actions à la distance r de deux masses électriques m et m' :

$$f = \frac{m\,m'}{d^2},$$

en prenant comme unité d'électricité la quantité d'électricité **qui**, agissant sur une quantité égale placée dans le vide à une distance de un centimètre, la repousserait avec une force égale à une dyne.

Or, des expériences précédentes, nous allons déduire que, dans le milieu dont la constante diélectrique est K, il faut, pour produire une même force, une quantité d'électricité K fois plus considérable ; ou autrement : une même quantité d'électricité produit dans le milieu dont la constante diélectrique est K, une force K fois moins considérable.

En effet, considérons un condensateur plan, chargé, en équilibre ; soit V la différence de potentiel des armatures et e la distance de ces armatures, la valeur du champ électrique sera :

$$H = -\frac{dV}{du} = -\frac{V}{e},$$

et ce, *indépendamment du diélectrique interposé*, pourvu que le diélectrique soit unique; mais le théorème de Coulomb donne, dans l'air (ou le vide) pour la densité sur les armatures conductrices :

$$4 \pi \sigma = \frac{d\mathrm{V}}{dn},$$

tandis que, d'après les expériences précédentes, la densité σ' dans le diélectrique considéré est telle que :

$$\sigma' = \mathrm{K}\sigma.$$

Ainsi donc, dans l'air, il faudra des masses K fois moins considérarbles pour obtenir le *même champ* qu'avec le diélectrique considéré. Or, le vecteur II satisfait à l'égalité :

$$\mathrm{H}_{air}^{\cdot} = - \frac{d}{dn} \left(\frac{m'}{r} \right);$$

pour que H ne varie pas quand tous les *m* deviennent K fois plus grands, il faut que :

$$\mathrm{H}_d = - \frac{d}{dn} \left(\frac{m}{\mathrm{K}r} \right).$$

La formule de Coulomb qui nous a servi de point de départ pour établir la théorie dans le cas où le diélectrique était l'air (qui se différentie peu du vide en l'espèce), devra donc être modifiée dans le cas des diélectriques de pouvoir spécifique égal à K ; cette formule, dans cette hypothèse, se transformera en la suivante :

$$f = \frac{1}{\mathrm{K}} \frac{m\,m'}{r^2}.$$

Phénomène de Kerr. — Un phénomène remarquable, relatif à une action de l'électricité sur les vibrations lumineuses a été découvert par le docteur Kerr, en 1875. Ce phénomène a, comme l'a dit avec raison Rœntgen, une *importance fondamentale exceptionnelle*; au début, la difficulté de le produire nettement et le doute sur son origine véritable ont fait que cette expérience a été le sujet de plus d'une controverse.

Kerr découvrit qu'un diélectrique *isotrope*, solide ou liquide, acquiert la biréfringence des cristaux à un axe lorsqu'on le place dans un champ électrique, l'axe fictif du diélectrique étant parallèle à la direction du champ.

Les expériences de Kerr sur les solides ne furent jamais bien probantes; M. H. Brongersma reprit, en 1882, les expériences sur les solides, en s'appliquant à se mettre à l'abri des critiques encourues par Kerr. Dans ces expériences, les plans de polarisation des nicols en croix faisaient un angle de 45° avec l'horizon; on disposait ces nicols pour l'extinction et on plaçait entre eux une lame de verre, préparée de façon à laisser pénétrer les deux électrodes entre lesquelles le champ électrique allait être produit; dès que ces deux électrodes étaient mises, l'une en communication avec la terre et l'autre en communication avec une machine de Holtz, les auréoles lumineuses apparaissaient.

Des actions inverses (en inversant la différence de potentiel) ne modifiaient pas l'effet produit, qui reste le même que si l'électrisation avait gardé le même sens. Toutefois, les critiques opposées, il y a une vingtaine d'années, n'étaient pas sans valeur apparente. Rien ne prouvait que la biréfringence n'était pas due aux dégagements de chaleur résultant de l'orientation forcée des molécules sous l'effet de l'électrisation.

Kerr reprit, dans une deuxième série d'expériences, l'étude du phénomène, en remplaçant le verre par le CS^2 d'abord, puis divers autres liquides ensuite. Le phénomène réapparut; on peut même constater qu'avec le CS^2 la biréfringence pouvait être compensée par une compression convenable d'une lame compensatrice, parallèlement aux lignes de force, le même cas fut remarqué dans l'électrisation de la résine. Le verre et le quartz, le chloroforme ($CHCl^3$), l'aniline, présentent le phénomène inverse, et pour compenser l'électrisation de ces derniers corps, il fallait produire une extension convenable de la lame compensatrice; en un mot, le verre, le quartz, soumis à l'électrisation, agissent comme le verre comprimé; la résine, au contraire, agit comme si elle était soumise à une tension virtuelle. M. Kerr appelle corps électro-optiquement positifs ceux qui, électrisés, se comportent comme CS^2. Pour ces corps, c'est le rayon extraordinaire qui est retardé. Les autres corps qui se comportent comme le chloroforme et l'aniline, ont été appelés électro-optiquement négatifs. Pour eux, c'est le rayon ordinaire (polarisé parallèlement aux lignes de force) qui est retardé. Les corps électro-optiquement positifs paraissent plus nombreux que les électro-optiquement négatifs.

C'est à M. Blondlot, de Nancy, qu'est due la première démonstration que le phénomène de Kerr ne doit pas son existence à des circonstances contingentes accompagnant l'expérimentation, tel l'échauffement du diélectrique, mais que la biréfringence est due à *l'action directe* du champ électrique *seul* sur le diélectrique. Il s'agissait d'élucider le point suivant : la biréfringence apparaît-elle et disparaît-elle avec un certain retard par rapport à l'établissement ou à la suppression du champ électrique, et quelle est la valeur maxima de durée de ce retard ? M. Blondlot a démontré expérimentalement que ce retard par rapport à l'établissement ou à la suppression du champ électrique était inférieur à $\frac{1}{40.000}$ seconde..... « En présence de ce résultat on « doit rejeter toute explication du phénomène de Kerr fondée sur les « mouvements de convection dont le diélectrique est le siège. Dans « une explication de ce genre, en effet, il faudrait d'abord admettre que « le mouvement peut produire la double réfraction, ce qui n'est ni « prouvé, ni même vraisemblable dans le cas d'un liquide aussi dé « nué de viscosité que le sulfure de carbone, puis supposer que pendant « moins de $\frac{1}{20.000}$ de seconde, l'état d'agitation du diélectrique se « produit deux fois et s'éteint deux fois; or, des alternatives aussi « rapides de mouvement violent et de repos sont inconciliables avec « la loi d'inertie de la matière »..... (Loc. citée).

MM. Abraham et Lemoine ont depuis démontré que la limite du retard indiquée par M. Blondlot était largement évaluée, car ils ont prouvé que cette limite était inférieure à $\frac{1}{4 \times 10^8}$ seconde.

· Le phénomène de Kerr est le premier lien de parenté entre la lumière et l'électricité que nous rencontrons dans cette encyclopédie; nous aurons l'occasion de revenir en bien des occasions sur cette liaison des deux branches de la Physique.

Quelques propriétés des diélectriques. — M. Duter, en 1879, a démontré qu'un diélectrique augmente de volume quand il subit l'électri-

fication et qu'il reprend ses dimensions primitives lorsque cette élec-
trification a cessé; M. Duter opérait sur une bouteille de Leyde dont
les armatures intérieure et extérieure étaient des liquides et per-
mettaient au verre de se dilater librement. La dilatation fut trou-
vée proportionnelle au carré de la différence de potentiel entre armatures et à l'inverse de l'épaisseur du verre.

En 1880, MM. Pierre et J. Curie (1) ont vérifié qu'à température constante, la compression des cristaux hémièdres, à faces inclinées, fournit
aux extrémités du cristal des charges de noms contraires. Ce phénomène
a reçu le nom de piézo-électricité. On voit qu'on est bien en présence
d'un phénomène de polarisation produit par la déformation du cristal.

M. Bouty a pu vérifier la propriété des gaz suivante : si on les place
dans un champ électrique, ils sont, même lorsque leur tension est
faible, d'excellents isolants ; mais si l'on continue à faire croître le champ, il arrive, dans le cas des pressions faibles, un moment où le gaz devient conducteur et reste conducteur pour les champs plus intenses. Pour des valeurs du champ inférieures à la limite dont il vient d'être parlé, la suppression ou l'établissement du champ ne se révèle par aucun phénomène appréciable; au-dessus, au contraire, on a une illuminiscence lorsqu'on vient à établir ou à supprimer le champ.

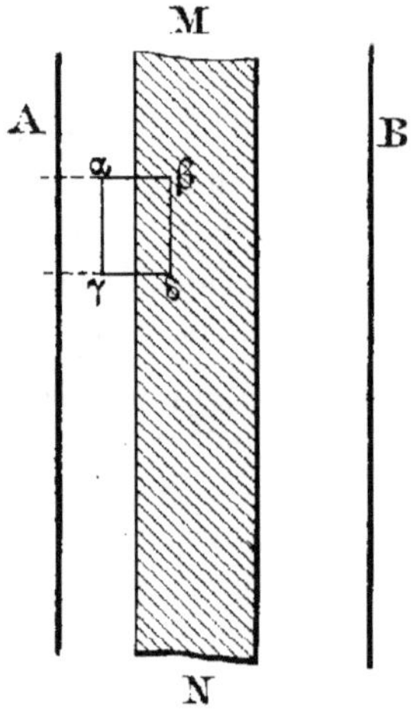

Flux d'induction. — Supposons une lame MN à faces parallèles (fig. 49), placée parallèlement à deux armatures A et B, conductrices et planes, laissant subsister une lame d'air; en mettant à part les plages voisines des bords, on peut affirmer que les lignes de

Fig. 49.

---

(1) Pierre Curie, physicien français, né à Paris en 1859. Il a découvert en 1898, en colla-
boration avec Mme Pierre Curie, par l'analyse des radiations uraniques, deux nouveaux
métaux : le polonium et le radium. Membre de l'Institut. Mort malheureusement, broyé par
un camion, quai des Grands-Augustins, en 1907.

force dues à l'électrisation sont normales aux armatures et à la lame ; soit $\alpha \beta \gamma \delta$, un tube de force unité.

Si MN est une lame conductrice, l'accroissement dV dans la partie concernant l'air est donnée par la formule de Coulomb :

$$-\frac{dV}{dn} = 4 \pi \sigma, \quad \text{et le flux sera} \quad F_1 = 4\pi\sigma,$$

en appelant σ la densité superficielle sur les armatures ; sur la lame conductrice MN, la densité sera $-\sigma$, et le flux à son intérieur : $0 = 4 \pi (\sigma - \sigma)$; si ε est l'épaisseur totale de la couche d'air diélectrique, on aura :

$$\Delta V_{air} = 4 \pi \sigma \varepsilon ;$$

mais, si MN est une lame diélectrique, il n'en est plus ainsi ; la surface de MN n'immobilisera plus $-\sigma$ par unité de section, mais seulement $-\sigma'$, $(\sigma' < \sigma)$, de sorte qu'après le passage dans la surface du diélectrique, on n'aura plus $4\pi\sigma$ comme flux du tube unité, mais :

$$F_2 = \frac{4 \pi (\sigma - \sigma')}{K},$$

puisqu'on se trouve dans un diélectrique de constante K et que toutes les actions électriques se déduisent des actions dans l'air affectées du facteur $\frac{1}{K}$; si donc e est l'épaisseur de la lame, on aura finalement :

$$\Delta V_{(dié)} = \frac{4 \pi (\sigma - \sigma') e}{K}.$$

La différence de potentiel entre armatures sera donc :

$$V = 4 \pi \sigma \varepsilon + 4 \pi (\sigma - \sigma') \frac{e}{K}.$$

Si on voulait appliquer au tube de force de section unité infiniment court $\alpha \beta \gamma \delta$, chevauchant sur la face C du diélectrique, et, ce *sans précaution*, le théorème de Gauss démontré dans le cas d'un diélectrique *unique*, on aurait le résultat *erroné* :

$$- F_1 + F_2 = - 4 \pi \sigma',$$

alors qu'en *réalité*, on a, d'après le calcul précédent :

$$- F_1 + K F_2 = - 4 \pi \sigma' = 4 \pi (- \sigma'),$$

KF$_2$ s'appelle l'induction B, et son flux se nomme le flux d'induction ; dans l'air (ou plutôt le vide), le flux de force et le flux d'induction se confondent.

Ainsi donc, avec la restriction de faire intervenir, dans l'application du théorème de Gauss, le flux d'induction au lieu et place du flux de force, on aura le droit d'appliquer le théorème de Gauss, ce théorème s'énoncera alors ainsi :

Si un tube de force n'enveloppe pas de masses agissantes, le flux d'induction reste invariable ; sa variation est de 4πm quand il enveloppe une masse m *d'électricité.*

Hypothèses sur les diélectriques. — Mossotti et plus tard Faraday, adoptèrent, pour expliquer les phénomènes diélectriques, une hypothèse que Poisson, antérieurement, avait faite pour expliquer l'aimantation par influence. Cette hypothèse consiste à assimiler le diélectrique à un agrégat de particules conductrices en nombre considérable, dispersées de façon régulière dans le milieu isolant. Sous l'action de l'électricité, les particules conductrices s'électrisent, une couche négative, par exemple, apparaîtra sur leur partie gauche, alors que sur leur partie droite se décèlera une couche positive.

Lord Kelvin admettait que, si on plaçait un diélectrique primitivement à l'état neutre dans un champ électrique, il subissait une polarisation absolument comparable à celle qu'un corps magnétique éprouve lorsqu'on l'immerge dans un champ magnétique.

Ces deux hypothèses sont, au fond, sensiblement les mêmes, et les résultats auxquels on parvient, en les soumettant au calcul, sont identiques.

Dans ces deux hypothèses, le milieu diélectrique intervenait pour transmettre les actions électriques de proche en proche ; le diélectrique a ainsi un *rôle passif* dans la marche du phénomène, aux conducteurs est réservé le *rôle actif*.

Admettons donc que sous l'action d'une différence de potentiel, le milieu se polarise ; chaque élément de volume séparé par la pensée du milieu environnant se couvrira d'électricité sur deux faces opposées par rapport à la direction du champ ; ces deux couches seront de signes contraires et leur disposition relative sera invariable pour le corps.

Sur une face de l'élément, nous aurons une masse $+ m$ et sur l'autre face une masse $- m$; si on appelle $2a$ la distance de ces faces infinitésimales, nous appellerons $\omega = 2am$ le *moment électrique* de l'élément.

Si Δv est le volume de l'élément, le quotient $\dfrac{\omega}{\Delta v}$, ou le moment par unité de volume, pourra servir de mesure à cette propriété appelée *polarisation*; ce quotient $\dfrac{\omega}{\Delta v}$ est appelée *intensité de polarisation*, et on a, en appelant J cette grandeur :

$$ J = \frac{\omega}{\Delta v} = \frac{2am}{\Delta v}. $$

Pour simplifier, supposons que le volume soit un petit cylindre parallèle à la direction de la polarisation. Si S est la section du cylindre, σ' la densité superficielle de ce cylindre aux bases extrêmes, on aura :

$$ J = \frac{2.a.m}{2\,a.s} = \frac{m}{s} = \sigma'. $$

De proche en proche, on a admis qu'il en était de même le long d'un parallélipipède à dimensions finies, dont les arêtes sont parallèles à la polarisation; les deux faces des diélectriques seront donc recouvertes de couches égales et de signes contraires de densité.

En reprenant la formule sur l'induction d'un paragraphe précédent, on tirera facilement :

$$ B = H + 4\pi J. $$

Expériences et calcul sur la polarisation.— M. Pellat a mis en évidence la lenteur que met la polarisation à disparaître après la suppression du champ. Il a pris pour diélectrique une lame d'ébonite formée de deux parties, parfaitement rodées, s'appliquant l'une sur l'autre aussi parfaitement que les moyens mécaniques le permettent; le plan de séparation étant normal aux lignes de force, on place ce diélectrique entre les armatures d'un condensateur, on charge ensuite le condensateur assez lentement, puis on le décharge brusquement;

ceci fait, on enlève rapidement, avec de grandes précautions d'isolement, une des parties du diélectrique en ébonite; cet objet, placé dans le cylindre de Faraday, ne produit aucun mouvement dans l'électroscope, donc, *la charge électrique totale* de ce plateau est nulle; mais si on rétablit ce plateau entre deux armatures conductrices formant condensateur, on peut déceler une différence de potentiel entre ces armatures, différence qui change de signe quand on permute les faces de la lame. En somme, l'expérience de M. Pellat indique : 1° que la polarisation a bien une réalité physique; 2° qu'elle présente une certaine inertie pour apparaître ou disparaître; 3° qu'en dehors de la plaque, rien n'a subsisté de l'état antérieur déterminé par le champ.

Ces remarques faites, si on réunit les deux armatures d'un condensateur F pendant un temps *très court* pour que la densité σ' sur le diélectrique ne bouge pas, on aura pour chaque unité d'aire des armatures, une charge σ_1 donnée par l'équation suivante, déduite d'une équation de la page 91 où V a été égalé à zéro :

$$\sigma_1 \left(\varepsilon + \frac{e}{K} \right) = \sigma' \frac{e}{K}.$$

Or, d'après la même équation invoquée, on avait, après la charge du condensateur F :

$$\sigma = \left(V + 4\pi \sigma' \frac{e}{K} \right) \times \frac{1}{4\pi \left(\varepsilon + \frac{e}{K} \right)},$$

et ainsi :

$$\sigma - \sigma_1 = \frac{V}{4\pi \left(\varepsilon + \frac{e}{K} \right)}.$$

Le condensateur ne sera donc pas déchargé après la première mise en contact des armatures, un calcul un peu plus long donnera la valeur des décharges successives; nous laissons le soin au lecteur de faire ce calcul, dont il possède tous les éléments.

Les phénomènes d'absorption sont loin de s'expliquer de manière aussi simple; nous ne les analyserons pas ici, nous nous contenterons de renvoyer le lecteur aux travaux spéciaux effectués sur les diélectriques.

Théorie de Maxwell. — Maxwell (1) fait jouer à la constante diélectrique le rôle d'un coefficient d'élasticité relatif à l'éther, dans lequel tout est noyé. Maxwell admettait, ce, en désaccord avec Fresnel (2), que la densité de l'éther en tous les milieux était constante, et il concluait que le rapport des coefficients d'élasticité de l'éther, dans le milieu diélectrique et dans le vide était égal au carré de l'indice de réfraction du diélectrique. Cette loi a été vérifiée dans le cas des gaz, mais a semblé être reconnue inexacte pour la majeure partie des diélectriques solides.

Pour les gaz, au moins, on a donc, d'après Maxwell, en appelant : v et v' les vitesses de la lumière dans l'air et dans le diélectrique D de pouvoir K ; C et C', les capacités d'un condensateur formé des mêmes armatures séparées une première fois par une épaisseur ε d'air et une seconde fois par une épaisseur ε de diélectrique D ; n et n' les indices de réfraction :

$$\frac{C}{C'} = \frac{K}{K'} = \frac{n^2}{n'^2} = \frac{v'^2}{v^2} ;$$

car l'indice n de réfraction dans un milieu est inversement proportionnel à la vitesse de la lumière dans ce milieu. K est, on le voit ici, une constante physique remarquable.

Nous ne pouvons développer plus longtemps en ce chapitre les idées fondamentales du grand physicien anglais Maxwell. Pour terminer, nous supposerons avec lui que l'énergie est localisée dans le milieu ; en calculant, dans cette hypothèse, l'énergie électrique par unité de volume de diélectrique, nous arriverons à une expression donnée par Maxwell.

Entre les armatures d'un condensateur existe la différence de potentiel V, la distance des armatures étant ε, on aura, le champ étant uniforme loin des bords :

$$H = \frac{V}{\varepsilon} = 4 \pi \sigma.$$

---

(1) Maxwell (James-Clerk), physicien anglais, né à Édimbourg en 1831, mort à Cambridge en 1879.
(2) Fresnel (Augustin), né à Broglie (Eure), en 1788, mort à Ville-d'Avray en 1827. Physicien, ingénieur des Ponts et Chaussées, membre de l'Institut en 1823.

L'énergie emmagasinée dans un tube de force aboutissant aux deux armatures sera, par *unité* de surface de l'armature :

$$W = \frac{1}{2}\,\sigma\,V = \frac{1}{2}\frac{H}{4\,\pi}\,H \times \varepsilon,$$

$$= \frac{1}{8\,\pi}\,H^2 \times \varepsilon,$$

et l'énergie par unité de longueur (la section du tube étant 1), ou par unité de volume, sera :

$$W_1 = \frac{1}{8\,\pi}\,H^2.$$

Si le diélectrique, au lieu d'être l'air, avait un pouvoir égal à K, on aurait, en reprenant les calculs :

$$H = \frac{V}{\varepsilon} = 4\,\pi\,\sigma \;(\sigma \text{ densité avec l'air comme diélectrique}).$$

Mais la densité σ', avec le diélectrique de pouvoir K, est donnée par la formule :

$$\sigma' = K\,\sigma,$$

et,

$$W' = \frac{1}{2}\,K\,\sigma\,V = \frac{K}{2}\frac{H}{4\,\pi} \times H \times \varepsilon,$$

ainsi l'énergie électrique emmagasinée par unité de volume est :

$$W_1' = \frac{K}{8\,\pi}\,H^2.$$

On en déduira immédiatement que l'énergie nécessaire à la création d'un champ électrique dans l'espace, qu'on suppose composé de diélectriques divers dont les pouvoirs inducteurs sont : K_1, K_2, ... K_n, sera exprimé par la formule :

$$W = \frac{K_1}{8\,\pi}\iiint_{R_1} H^2.dv + \frac{K_2}{8\,\pi}\iiint_{R_2} H^2.dv + \ldots\ldots + \frac{K_n}{8\,\pi}\iiint_{R_n} H^2.dv ;$$

dans laquelle l'intégrale de volume relative à K_p est étendue au volume R_p occupé dans l'espace par le diélectrique de pouvoir K_p.

Nous reviendrons longuement sur la théorie de Maxwell, dans un fascicule suivant.

CHAPITRE VIII

Les Machines électriques statiques. — Effets des décharges électriques.

Deux types de machines permettent la production d'électricité statique d'une façon continue :

1° Les machines dites : à frottement;

2° Les machines dites : à influence.

Machines à frottement. — Machine de Ramsden. — Cette machine (fig. 50) se compose d'un plateau P de verre circulaire que l'on fait tourner à l'aide d'une manivelle M autour d'un axe qui le traverse en son centre et normalement à sa surface. Ce plateau, en tournant, frotte contre deux paires de coussinets K et K' qui ont avec lui une large surface de contact.

Par le frottement produit, les coussinets se chargent d'électricité négative qu'on évite de laisser accumuler; dans ce but, on relie les coussins avec une chaîne TT' traînant sur le sol. Le plateau, dans le frottement, s'est chargé d'électricité positive que l'on va utiliser pour charger les conducteurs CC' de la machine.

Ces conducteurs CC' sont de grands cylindres métalliques creux, ne *présentant pas d'aspérités*, que des pieds en verre V supportent; ces tubes supports en verre sont vernis à la gomme laque pour assurer un bon isolement de surface. Les extrémités des conducteurs voisines du plateau portent des pièces recourbées F et F', armées de dents pointues, dont les extrémités sont très rapprochées de chacune des faces du plateau; ces pièces sont appelées : les peignes. Lorsque les parties du plateau chargé par frottement arrivent en regard des peignes, le phénomène d'influence se produit. Le fluide positif du plateau va électriser par influence les peignes, mais les dents de ceux-ci laissent écouler le fluide négatif qui se répand sur le plateau pour le neutraliser; quant au fluide repoussé loin du plateau sur les conducteurs, il reste et charge ces conducteurs.

Ainsi, la machine est chargée d'électricité de même nom que celle du plateau tournant; mais ce n'est pas l'électricité du verre qui est venue se loger sur les conducteurs, ceux-ci ne se sont électrisés que grâce à une décomposition et à une recomposition.

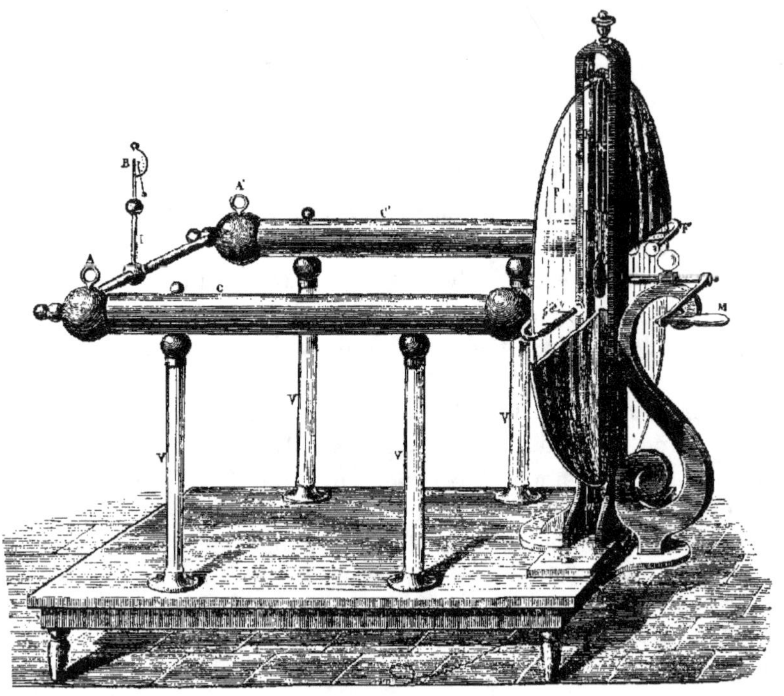

Fig. 50.

Comme à chaque tour le plateau arrive entre les peignes avec une charge toujours la même, il semblerait que les conducteurs vont se charger d'une façon toujours croissante. Il n'en est rien, car le nouvel afflux d'électricité *positive* de chaque tour éprouve, de la part de la charge *positive* des conducteurs, une action répulsive de plus en plus considérable; toutefois la véritable cause pratique qui limite la charge des conducteurs de la machine de Ramsden est la perte par l'atmosphère, toujours un peu conductrice, grâce à l'humidité ou aux poussières.

Au lieu de rejeter l'électricité négative dans la terre par la chaîne TT', on aurait pu, en reliant cette chaîne avec des conducteurs, charger ceux-ci d'électricité négative.

Pour apprécier le potentiel du conducteur, on place à l'extrémité des conducteurs un petit pendule B, dit électromètre de Henley. C'est un pendule à balle de sureau, dont le fil est rigide et qui se meut devant un cadran. L'écart dépend de la valeur du potentiel par rapport au sol; cet écart est évidemment moins grand, quand les coussinets sont tenus isolés, que quand ils sont reliés au sol.

Machines à influence. — Le principe de ces machines dérive de l'idée d'utiliser une charge permanente pour électriser par influence un plateau mobile, dont chacune des parties, alternativement, s'approche, puis s'éloigne de la source agissante. *L'électrophore*, page 7, est un premier exemple de machine à influence.

Machine de Holtz. — L'organe mobile de la machine (fig. 51 et 52) est un plateau de verre P tournant autour d'un axe qui, normalement, le traverse en son centre. Une manivelle M, mettant une roue en mouvement, imprime à l'axe une rotation rapide par l'intermédiaire d'une corde sans fin. Très rapproché de ce plateau mobile P, se trouve un autre plateau P', en verre, placé dans une position parallèle à celle de P; ce plateau P' est absolument immobile. Les divers points de P peuvent, chacun à leur tour, s'approcher, puis s'écarter de la charge permanente qui détermine l'influence; cette charge n'est pas répartie, en effet, sur tout le plateau P', mais elle est localisée dans deux secteurs de papier vernis C et C', collés chacun sur les bords d'une fenêtre FF', pratiquée dans le plateau immobilisé P'. Chaque secteur de papier verni est armé d'une pointe de carton *pp'*. Les peignes métalliques SS' sont situés devant le plateau tournant et dans son voisinage très proche; ces peignes se trouvent en regard des cartons C ou C', mais séparés de ceux-ci par le plateau mobile; à l'extrémité de la monture portant ces peignes, se trouvent des tiges conductrices ou armatures munies de boules BB′, fig. 52. Le plus ordinairement aussi, ces armatures sont munies de bouteilles de Leyde H et K, fig. 51, augmentant la capacité de ces armatures.

Supposons qu'ayant mis les boules B et B′ au contact, nous chargions d'électricité positive le secteur de papier C, au moyen d'un bâton de verre frotté; *on appelle cette opération l'amorçage de la machine.* Cette électricité exerce une action d'influence sur les parties en son voisinage; le peigne en regard du carton C se trouvera élec-

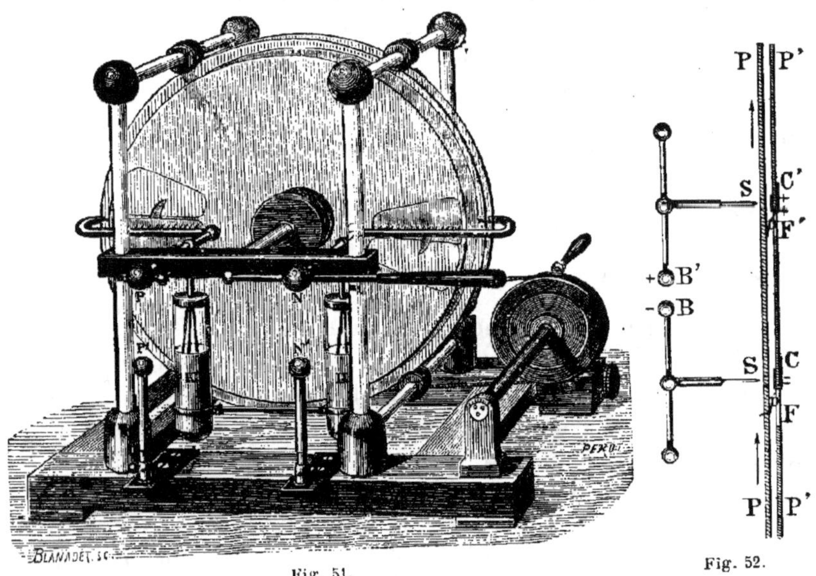

Fig. 51.   Fig. 52.

trisé négativement, alors que l'électricité positive du fluide décomposé de l'armature sera refoulée dans les parties les plus éloignées du conducteur; comme les boules sont au contact, les peignes en regard de C′ vont se trouver ainsi chargés d'électricité positive. Sur le plateau mobile, les peignes dégorgeront donc leur électricité, l'un de l'électricité positive, l'autre de la négative. Les peignes en regard de C′ étant positivement chargés, le carton C′, par influence, va se charger négativement dans la partie la plus proche des peignes, positivement dans l'autre partie; mais comme cette partie est armée d'une pointe, l'électricité positive s'écoule sur le plateau mobile en verre, et, finalement, le carton C' reste chargé négativement. Après avoir fait un demi-tour de plateau, le phénomène se continue, mais en se doublant, car les quantités d'électricité qui influencent les dents se composent, pour chaque peigne, de deux parts de même signe, savoir : l'électricité du carton en regard et l'électricité du plateau, dégorgée par l'autre peigne. En somme, à partir du demi-tour, le plateau mobile restera constamment chargé d'électricité négative à la partie supérieure et d'électricité positive à la partie inférieure.

Lorsque la machine est amorcée, on peut écarter les boules B; on verra facilement que les boules BB' vont se charger constamment d'électricité de signe contraire.

La machine de Holtz a le défaut de se désamorcer facilement; aussi, lui préfère-t-on la machine plus moderne de Wimshurst, qui est moins sensible à l'humidité, qui *s'amorce par tous les temps et d'elle-même, et qui ne présente jamais le phénomène de renversement.*

La machine de Holtz permet une expérience des plus intéressantes; *elle est réversible;* c'est-à-dire que si, avec elle, on charge une batterie de condensateurs, puis qu'après l'avoir débarrassée de ses courroies, on mette ses pôles en communication (semblablement aux connexions pour la charge) avec les armatures de la batterie chargée, on voit la machine de Holtz tourner en sens inverse du sens normal. La machine agit alors comme réceptrice et subit les forces électriques qu'il lui fallait vaincre mécaniquement, quand elle fonctionnait en génératrice. C'est un premier exemple de transport d'énergie à distance par l'électricité.

Machine de Wimshurst. — Cette machine se compose de deux plateaux DD' en verre, ou même en ébonite, isolés l'un de l'autre et tournant en *sens inverse.* La figure 53 représente deux machines de Wimshurst accouplées. La surface externe de chaque plateau porte un certain nombre de secteurs en étain, collés sur le plateau. Pendant la rotation, ces secteurs viennent tour à tour en contact des balais pp', $p''p'''$, portés par deux conducteurs diamétraux. Ces conducteurs communiquent par l'axe entre eux.

Pour expliquer le fonctionnement de cette machine, nous remplacerons schématiquement les plateaux par des cylindres coaxiaux,

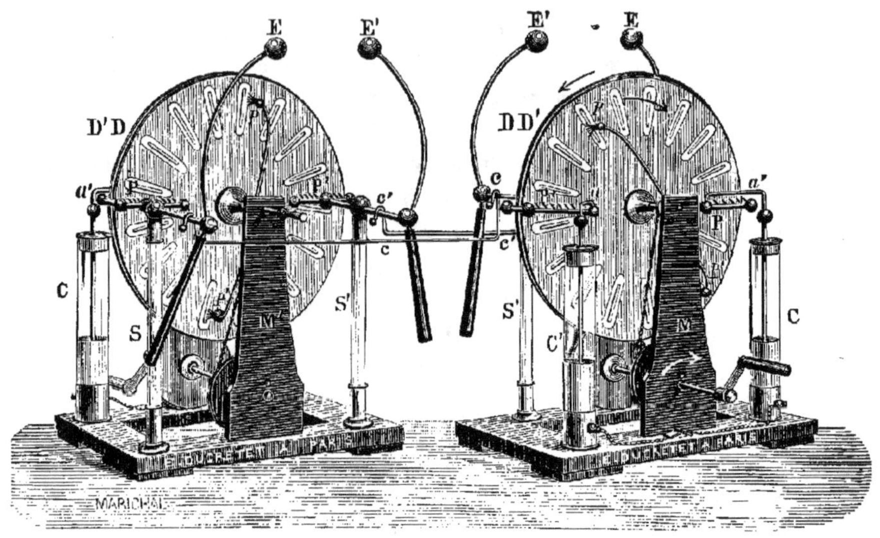

Fig. 53.

tournant en sens contraires, chacun portant, à la surface opposée à l'autre cylindre, des proéminences parallèles aux génératrices (fig. 54).

On peut être convaincu, et la longue pratique l'a prouvé, que, suivant toute probabilité, une certaine dissymétrie électrique initiale existe toujours dans la distribution électrique de cet ensemble mêlé de corps conducteurs et non conducteurs. Supposons qu'en un point du plateau D' situé en regard du point p'' (fig. 54), existe une charge positive très faible, tout le reste de l'appareil étant à l'état neutre, il se produit, par influence sur le conducteur diamétral $p'' p'''$, une charge négative en p'', positive en p'''; ainsi, pendant la rotation du cylindre extérieur, toutes les bandes supérieures se chargent négativement et les bandes inférieures positivement. Quand ces charges arrivent en regard des balais pp' de l'autre conducteur diamétral, les bandes en contact avec ces balais se chargent par influence et entraînent de l'électricité positive pour les bandes supérieures, tandis que les

bandes inférieures entraînent de l'électricité négative. Les actions dues
à ces nouvelles charges s'ajoutent et les phénomènes d'influence s'ac-
centuant, au bout d'un temps très court, les charges des bandes deviennent très importantes. Entre l'armature des peignes P arrivent les
bandes des deux cylindres, chargées positivement; entre l'armature

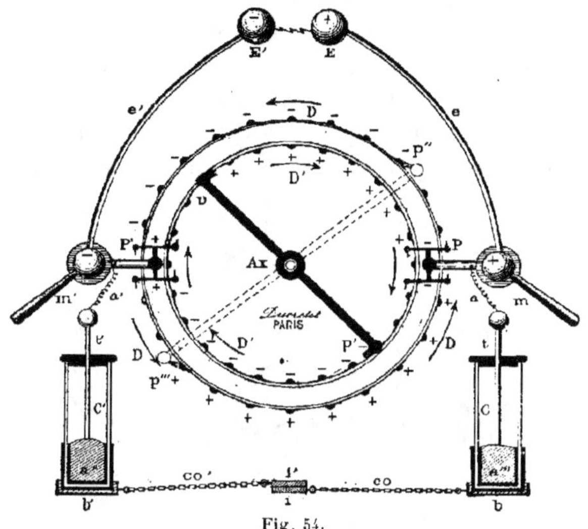

Fig. 54.

des peignes P′ viennent les bandes des deux cylindres, chargées négativement. Les charges passent, par l'intermédiaire des pointes, sur les
pôles correspondants *m* et *m′* et dans la batterie de condensateurs C
et C′.

Lorsque les charges deviennent assez fortes, le verre s'électrise et
participe à l'action; il n'y a pas *utilité de mettre les pôles au contact
pour l'amorçage.*

Les machines de Wimshurst, en plus de leur avantage d'être *auto-
excitatrices*, possèdent celui de fonctionner sous des conditions atmosphériques qui seraient fatales aux autres machines statiques.
Lorsque les machines sont accouplées par leurs pôles de noms contraires
et mises en marche, chacune dans leur sens normal, on augmente les
effets produits. En pratique, on fait des machines multiples dont les

plateaux sont accouplés deux par deux sur un axe commun, les peignes de même nom étant reliés entre eux. Comme la machine de Holtz, la machine de Wimshurst est réversible.

Replenisher de Lord Kelvin (1). — Le replenisher (fig. 55) se compose de deux parties cylindriques en laiton m et n, en communication avec les armatures de la bouteille de Leyde, m et n sont munis de frotteurs à ressorts a et b. Deux autres frotteurs, e et d, reliés métalliquement entre eux, sont portés sur des tiges isolées. Sur ces ressorts viennent frotter deux pièces métalliques r et s, réunies à l'axe de rotation par une tige de matière isolante. Supposons qu'au début, n soit chargé positivement et m négativement; lorsque s sera au contact de e, r sera en con-

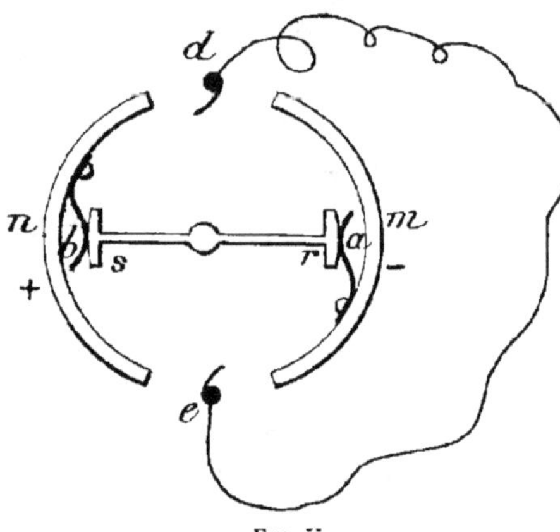

Fig. 55.

tact avec d; dans ces conditions, s influencé par n, se chargera négativement et r se chargera positivement; dans la rotation, s viendra ensuite au contact avec a et communiquera à m une partie de sa charge négative; tandis que r au contact avec b, communiquera à n une partie de sa charge positive, de sorte que les charges des armatures m et n iront en augmentant. On se rendra compte facilement que, dans le mouvement inverse de la tige, rs désamorcerait de plus en plus les

---

(1) Sir William Thomson, né à Belfast en 1824, physicien et mathématicien anglais, auteur de nombreuses et importantes découvertes en électricité, président de la Société royale de Londres en 1890, créé Lord en 1892 sous le nom de Lord Kelvin, mort au début du xxe siècle.

armatures ; il est clair que d est plus rapproché de m que de n, et que e est plus rapproché de n que de m.

Décharge électrique. — L'énergie relative accumulée sur un conducteur A au potentiel V, entouré de divers autres conducteurs au même potentiel zéro, est donnée par la formule :

$$W = \frac{1}{2} M V$$

en appelant M la charge dè ce conducteur.

Lorsqu'on mettra en relation ce conducteur avec les autres, l'énergie de W sera brusquement déplacée et des phénomènes extérieurs divers accompagneront toujours cette opération.

Si la communication est effectuée par un conducteur massif et court, l'étincelle sera éclatante et brusque (fig. 56); on sera en présence d'une *décharge disruptive*. Si la communication est effectuée par un conduc-

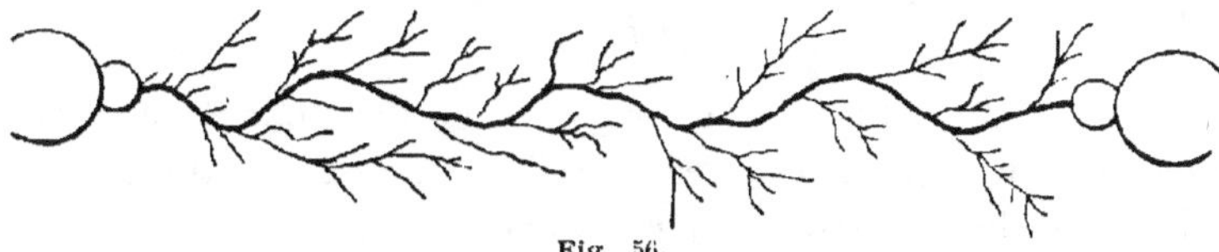

Fig. 56.

teur de faible section et long, l'étincelle, toutes choses égales d'ailleurs, sera plus mièvre, moins nourrie, on dira qu'on est en présence d'une *décharge conductrice*.

Dans le premier cas, toute l'énergie devenue disponible s'est manifestée dans l'étincelle; l'étincelle disruptive est la marque d'un dégagement brusque d'énergie, important relativement; dans le deuxième cas, toute l'énergie disponible ne se sera pas manifestée dans l'étincelle, une grande partie aura servi à échauffer le conducteur filiforme et long qui a été utilisé pour décharger le conducteur. C'est ce que Riess a mis en évidence dans une expérience importante, qui peut être considérée comme une vérification, *à postériori*, de la loi de Coulomb, dans les limites d'erreur de chacune des expériences.

Expérience de Riess. — Son appareil (fig. 57) se compose d'une sorte de thermomètre à air. Un ballon S est en communication avec un tube capillaire pouvant être incliné à volonté sur l'horizon et terminé par un tube cylindrique vertical beaucoup plus large. Une partie du tube fin est remplie d'un liquide coloré (ordinairement mélange

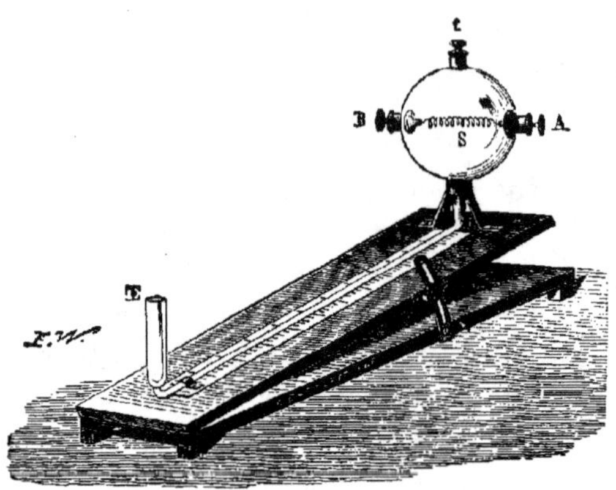

Fig. 57.

d'alcool et d'acide sulfurique coloré en rouge). Le ballon S est traversé par une spirale de platine, placée entre A et B; c'est à travers cette spirale qu'on déchargera un condensateur.

La chaleur dégagée par l'échauffement du gaz consécutif de la décharge se traduit par un déplacement de l'extrémité de la colonne capillaire. Comme l'échauffement est rapide, la déperdition est infime, le volume du gaz ne peut varier dans les conditions de l'expérience d'une manière sensible; le déplacement est donc proportionnel à la variation de la pression, qui est elle-même proportionnelle à la variation de température, et, par conséquent, à la quantité de chaleur dégagée.

Riess avait constaté :

1° *Que la décharge d'un même condensateur crée une quantité de chaleur proportionnelle au carré de la charge;*

2° *Qu'à charge égale, la chaleur créée dans la décharge varie en raison inverse de la capacité du condensateur.*

Ces lois s'exprimaient mathématiquement par les formules :

$$Q = x\,\frac{M^2}{C}\ \text{(Q étant une quantité de chaleur)}.$$

Si on tient compte que ce résultat fut obtenu par Riess alors que la notion de potentiel n'était pas introduite dans la science, on est frappé de la concordance de sa conclusion avec la formule que fournit la théorie.

En effet, l'énergie d'un condensateur est :

$$W = \frac{1}{2} MV = \frac{1}{2} \frac{M^2}{C},$$

ou, d'après la formule d'équivalence de la thermodynamique, on a :

$$Q = \frac{1}{J} \left(\frac{1}{2} MV \right) = \frac{1}{2J} \frac{M^2}{C}.$$

Si M, V et C sont exprimés en unités C.G.S., nous devrons prendre pour J le nombre d'ergs correspondant à une petite calorie; ce nombre est :

$$J = 4, 16 \times 10^7.$$

Si on exprime la quantité d'électricité en coulombs, la capacité en farads, le potentiel en volts, l'énergie est alors exprimée en joules. Dans ces conditions, la quantité de chaleur nécessaire pour élever la température d'un gramme d'eau de 0 à 1°, *la petite calorie*, vaut mécaniquement 4,16 joules.

Effets de fusion et volatilisation des métaux. — Si on prend un fil métallique extrêmement fin et court et qu'on le place entre deux boules D et D', fixées sur des pieds isolants (fig. 58); puis, qu'on fasse communiquer d'une part, la boule D avec une des bornes de la machine de Wimshurst, et l'autre boule D' avec la deuxième borne de cette machine, on voit le fil rougir, puis se volatiliser.

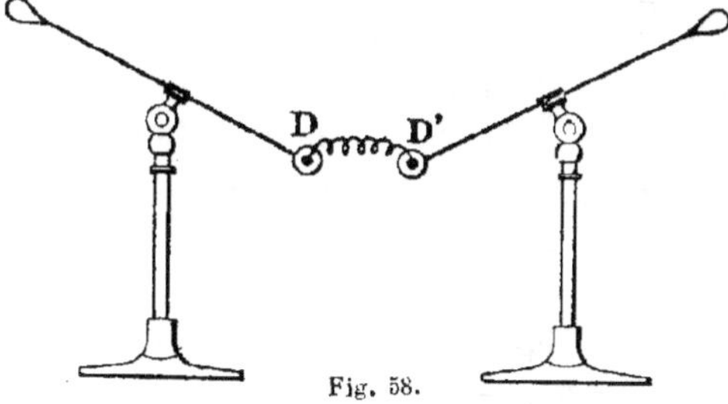

Fig. 58.

Dans l'air, la volatilisation d'un fil est accompagnée d'une explosion, signe de l'ébranlement violent de l'air. Guillemin a montré les effets brisants obtenus par la volatilisation instantanée d'un fil métallique dans l'eau, son expérience est représentée par la figure 59; l'ébranlement produit par la décharge au moment de la volatilisation dans un liquide (fluide incompressible pratiquement) est tel, que le verre se trouve brisé avec grand fracas. Cette expérience rappelle en raccourci les effets de la torpille marine.

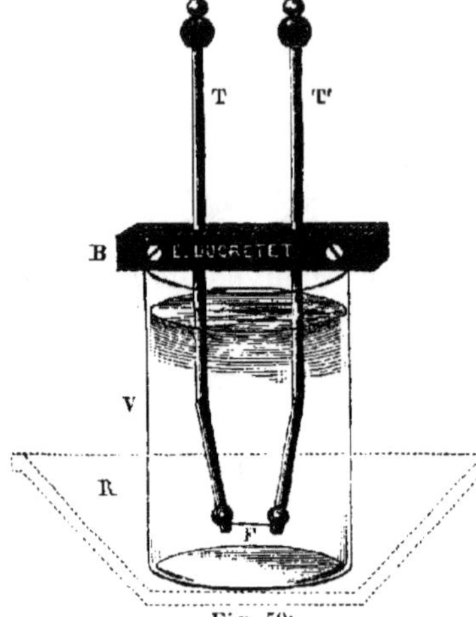

Fig. 59.

Pour donner une forme saisissante au phénomène de volatilisation d'un métal conducteur par l'électricité, on procède, dans les cours, à l'expérience connue sous le nom de portrait de Franklin (fig. 60). Sur un papier carton, on a pris soin découper le portrait de Franklin; d'un côté de ce papier, on a placé une feuille d'or de relieur et de l'autre un ruban de soie blanche, le tout est énergiquement comprimé entre deux planches. On fait traverser la feuille d'or par une décharge électrique en mettant chacun des bords de la feuille d'or respectivement en communication métallique avec les armatures d'une machine de Wimshurst.

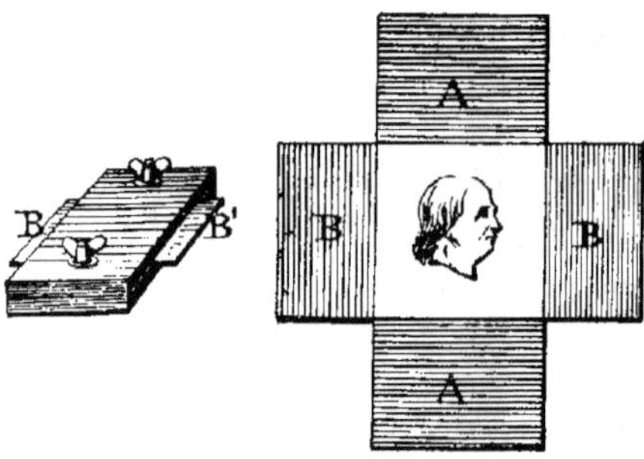

Fig. 60.

Les vapeurs d'or traversent les découpures et viennent reproduire le dessin sur le ruban, en couleur brun violacé.

Action chimique. — L'étincelle électrique peut produire des phénomènes chimiques de décomposition ou de combinaison.

Si on place dans l'eudiomètre de l'ammoniaque seule et que l'on fasse passer une série d'étincelles électriques, le gaz se décompose en azote et en hydrogène, le volume est doublé. Toutefois, les gaz composés que l'étincelle électrique dédouble, ne sont pas nombreux; la décomposition n'est d'ailleurs, le plus souvent, que partielle. L'eau acidulée est décomposée par la décharge en oxygène et hydrogène; Faraday a démontré qu'un coulomb décomposait $9,316 \times 10^{-5}$ grammes d'eau.

Si on fait passer dans un tube rempli d'oxygène pur et sec, une série d'étincelles, ce gaz subit une modification profonde de ses propriétés. L'oxygène électrisé exhale une odeur vive, pénétrante, analogue à celle de la poudre à canon; on a donné le nom *d'ozone* à cet oxygène modifié; il se combine avec l'argent humide à la température ordinaire et décompose l'iodure de potassium, propriétés dont l'oxygène ordinaire ne jouit pas.

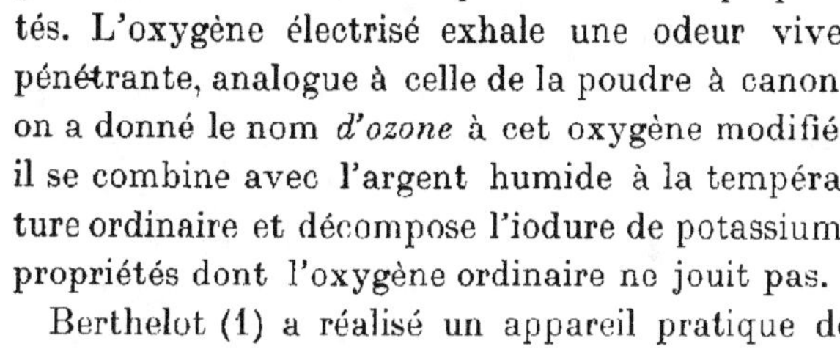

Berthelot (1) a réalisé un appareil pratique de production d'ozone, la figure 61 représente un de ces appareils; le tube *d* est ajusté à l'émeri à la partie supérieure du tube *c*, de rayon légèrement plus grand; le gaz circule dans la partie annulaire qui sépare les deux tubes, il arrive par le tube *a* et sort par le tube *b*. On a versé une solution d'acide sulfurique, plus ou moins étendue, dans l'éprouvette et le tube *d*; enfin, des fils de platine plongeant dans les deux masses liquides sont reliés aux pôles d'une machine de Wimshurst, ou, mieux encore, à ceux d'une bobine de Ruhmkorff.

Enfin, on peut encore citer comme exemple de combinaison sous l'influence de l'étincelle électrique, la combinaison de l'oxygène et de l'azote. Cette expérience fut faite pour la première fois par Cavendish, qui obtint ainsi de l'acide azotique.

Fig. 61.

---

(1) Berthelot (Marcelin) né à Paris en 1827, chimiste et philosophe français, professeur au Collège de France en 1863, membre de l'Institut en 1873, décédé en 1907. Sa dépouille repose au Panthéon.

Décharge à travers les corps mauvais conducteurs de l'électricité. — Si on place dans le circuit formé de corps conducteurs un corps mauvais conducteur, l'énergie électrique emmagasinée va se transformer en brisant ou détériorant le corps isolant. Ce corps isolant est-il une feuille de papier, on reconnaîtra, après le passage de l'étincelle, un trou dans la carte de papier, même sous l'action de très faibles décharges. Le verre également se laisse percer par la décharge électrique ; seulement, pour lui, il faut prendre quelques précautions, car le verre, malpropre à sa surface et souillé de matières conductrices impalpables, laissera contourner l'étincelle. Avec de fortes batteries, **on arrive,** en noyant les deux pointes conductrices dans des corps mauvais conducteurs, comme la résine ou la cire, à percer des lames de verre de plusieurs centimètres d'épaisseur (fig. 62). On voit que la plaque V V′ et les conducteurs sont noyés dans des isolants d'une façon absolument continue.

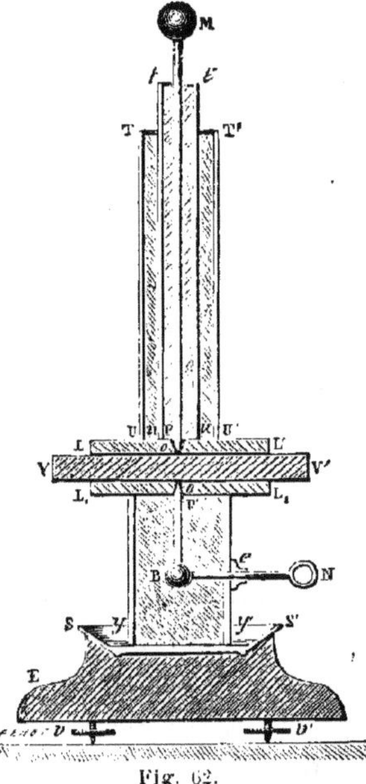

Fig. 62.

Lorsque les étincelles cheminent le long des corps mauvais conducteurs, elles laissent des traces de leur passage ; sur le verre, par exemple, en soufflant sur les parties qui ont été le siège du phénomène, on met en évidence, grâce à la buée due à la respiration, divers sillons, formant des dessins qu'on a appelés figures roriques.

On peut donner à ces expériences diverses formes saisissantes. Dans les cours, on met ainsi sous les yeux de l'auditoire la bouteille étincelante, qui n'est autre chose qu'une bouteille de Leyde, dont on a composé l'armature extérieure par une chaîne espacée de grains de limaille, collés avec de la gomme laque ; on a prolongé l'armature intérieure par une feuille d'étain collée jusqu'à une faible distance de l'armature externe. Lorsque la bouteille est chargée suffisamment, une étincelle éclate, qui se répercute entre les grains de limaille.

On peut aussi, sur un carreau de verre, coller, à la suite l'un de l'autre, des chemins plus ou moins variables de petits carrés d'étain, entre lesquels, simultanément, l'étincelle éclate; la vue éprouve la sensation d'une traînée lumineuse continue.

Décharge disruptive. — La décharge électrique se ramène à quatre types que nous allons examiner successivement : l'étincelle, l'aigrette, les lueurs et les rayons cathodiques.

L'étincelle a des proportions suivant la quantité d'électricité mise en jeu, et suivant la différence de potentiel sous laquelle elle est produite. Lorsque les boules excitatrices, entre lesquelles éclate l'étincelle, sont rapprochées, l'étincelle paraît suivre une trajectoire rectiligne; le trait est d'autant plus large que la capacité de la source est plus considérable. Par conséquent, toutes choses égales d'ailleurs, l'étincelle sera d'autant plus épaisse que la quantité d'électricité mise en jeu sera plus considérable. Si on écarte les boules (ou que la capacité du conducteur diminue), le trait est moins nourri, mo ns brillant, il affecte des formes très zigzaguées (fig. 56); si, laissant la distance entre les boules invariable, on augmente la différence de potentiel, soit par un groupement différent des batteries de condensateurs, soit même en mettant deux machines de Wimshurst en série, on voit l'étincelle jaillir plus facilement entre les deux boules.

Si on continue à écarter les boules, les ramifications de l'étincelle vont sans cesse en augmentant et tendent vers une forme particulière, appelée aigrette (fig. 63). L'aigrette se produit avec

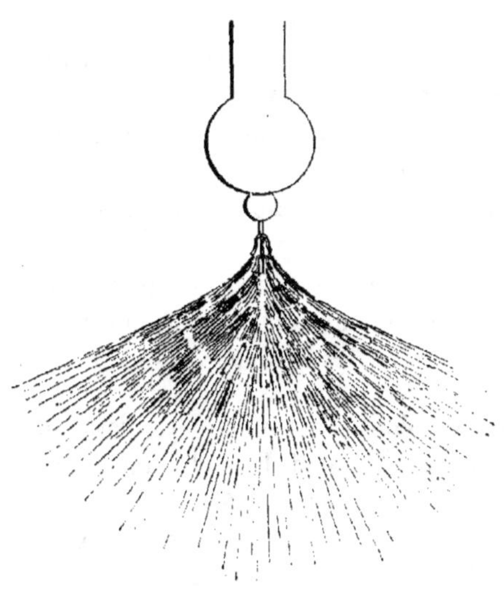

Fig. 63.

un bruissement particulier, sa teinte est pâle, légèrement violacée ; dans son ensemble, l'aigrette a une forme ovoïde, les ramifications partent du pôle positif auquel elles semblent se rattacher par de fortes lignes très lumineuses ; au pôle négatif, on aperçoit comme une enveloppe légère, lumineuse, et, si ce pôle contient une aspérité, on voit, en ce point, une étoile brillant d'un vif éclat.

Si on veut faire produire la décharge dans un gaz raréfié, on obtient des lueurs. Les expériences classiques sont celles de l'œuf électrique

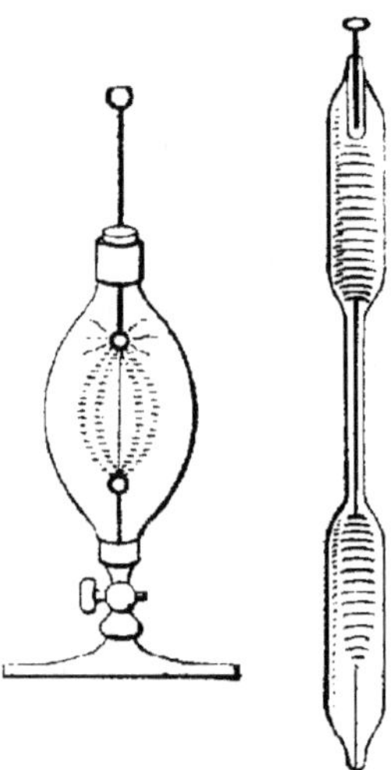

Fig. 64.　　Fig. 65.

(fig. 64) et du tube de Geissler (fig. 65); dans ces derniers, la pression du gaz est de quelques millimètres seulement. La lueur part toujours du pôle positif; un aimant approché du tube fait infléchir la lueur. Celle-ci a une couleur variable avec le gaz, blanche avec CO_2, violette avec H, elle est rose avec l'air; toutefois, la couleur varie sensiblement, suivant la différence de potentiel de la décharge et suivant la raréfaction du gaz. Si le gaz est simple, on obtient une lueur continue, mais avec des gaz mélangés, on obtient des couches alternativement brillantes et obscures; c'est le phénomène appelé *stratification*. Si le verre contient un peu d'urane, il devient lui-même fluorescent sous l'action des lueurs.

Avec une raréfaction de gaz plus grande encore (quelques millièmes de millimètre de pression), on obtient un phénomène que nous étudierons plus tard, au chapitre des *rayons cathodiques*.

Distances explosives. — Sous une pression déterminée, la distance à laquelle une étincelle commence à jaillir dépend de la différence de potentiel existant entre les deux armatures. Cette différence dépend aussi de la forme des armatures, et l'étincelle jaillit, à potentiel égal, moins facilement entre les deux sphères qu'entre les deux plateaux. La différence de potentiel et la distance explosive correspondante sont loin d'être proportionnelles, comme le montre le tableau suivant, tiré de l'ouvrage de MM. Mascart (1) et Joubert :

Distance des deux armatures boules de 3%m de diamètre —	Différence de potentiel	
	en unités C. G. S. électrostatiques;	en Volts.
0,1	15	4.500
0,5	73	21.900
1,	124	37.200
1,5	154	46.200
2,	177	53.100
3,	210	63.000
4,	238	71.400
5,	259	77.700
1,0	325	97.500
1,2	337	101.100
1,5	350	105.000

Si on construit la courbe figurative, en portant sur l'axe des abscisses les distances explosives, et en ordonnées les différences de potentiel correspondantes, il semble que la courbe tende vers une asymptote, et qu'ainsi le potentiel explosif ne devrait pas dépasser 120.000 volts ou 400 unités C.G.S. électrostatiques; de sorte que les très longues étincelles des machines statiques devraient être inférieures à cette limite.

La différence de potentiel V, nécessaire pour qu'une étincelle éclate, dans un gaz, entre deux électrodes de distance variable, diminue quand la température s'élève, on a sensiblement :

$$V (1 + \alpha t)^2 = C^{te}.$$

Si on place un bec de gaz allumé au-dessous des deux électrodes, on observe que l'étincelle qui, à froid, n'éclate pas, passe aussitôt dans l'air réchauffé.

Si on détermine les courbes obtenues comme ci-dessus, en opérant sous différentes pressions du gaz, on voit que les courbes se couchent de plus en plus sur l'axe des abscisses, et ce, très rapidement, jusqu'à une certaine limite pour la pression; cette limite, pour l'air, paraît être de 3 millimètres dans un ovoïde, mais beaucoup plus faible dans les tubes. Au-dessous de cette pression limite, les courbes se relèvent avec une très grande rapidité; si même on diminue toujours la pression,

---

(1) Mascart (Éleuthère-Nicolas), physicien français né en 1837, décédé en 1907.

il arrive un moment où l'étincelle semble éprouver les plus grandes difficultés pour aller d'une armature à l'autre. La *matière paraît donc jouer un rôle dans le déplacement de l'électricité* ; nous y reviendrons dans la suite, dans l'étude des rayons cathodiques, de Rœntgen, de Sagnac et de Becquerel.

Spectre des étincelles. — Si on analyse avec le spectre des étincelles, on constate la présence de raies caractéristiques du métal des armatures, ainsi que celle du gaz, dans lequel a eu lieu l'étincelle.

Dans les lueurs, le spectre accuse exclusivement les raies du gaz dans lequel ont lieu ces lueurs.

Expériences de Lodge. — Lodge a montré, par une expérience saisissante (fig. 66), les effets d'une décharge instantanée. Deux bouteilles de Leyde C et C' sont reliées en cascade aux deux pôles E et E' d'une machine de Wimshurst ; les armatures extérieures sont reliées par un long fil isolé, enroulé sur lui-même L L, mais, en dérivation aux extrémités de ce fil, est placé un excitateur E X. Chaque fois que l'étincelle part en A, une étincelle jaillit en B et la distance, limite d'éclatement de cette étincelle, dépend de L L et de ses circonvolutions. Ce qu'il y a de remarquable, c'est que la décharge passe en B, dans l'air, plutôt qu'à travers le corps conducteur L. Ce phénomène se produit fréquemment dans les décharges atmosphériques ; nous verrons *plus loin*

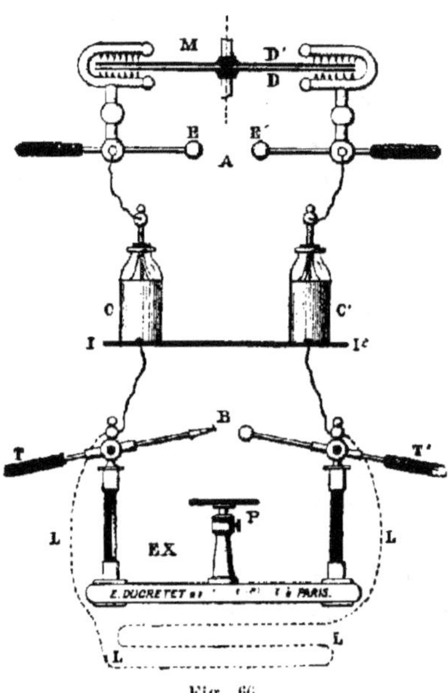

Fig. 66.

que ce phénomène s'explique par la *haute fréquence de la décharge oscillante.*

Nous verrons plus loin que le temps, pendant lequel dure une dé-charge, est très court; de plus, la décharge est, dans sa courte durée, constamment va-riable en intensité; la durée de la pseudo-période (temps qui s'écoule entre deux maxima consécutifs de même sens) est de l'ordre du millionième et même du dix millionième de seconde. Dans le temps infime nécessaire à une décharge, il peut ainsi y avoir encore des oscillations par milliers.

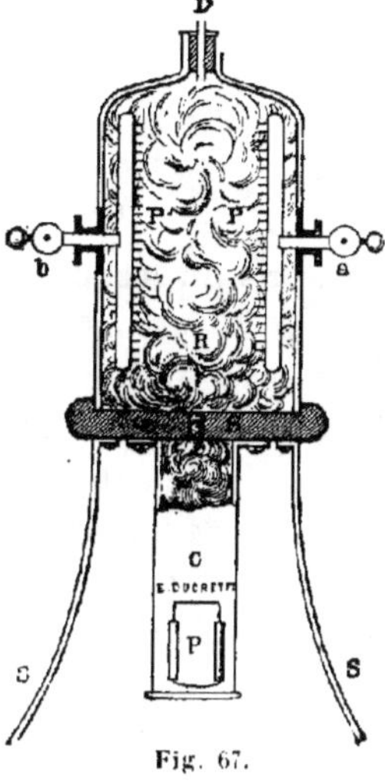

Fig. 67.

Lodge a montré aussi l'influence des dé-charges électriques sur le nettoyage de l'at-mosphère (fig. 67). Son appareil se comprend facilement : si l'atmosphère P P' chargé de fumée est traversé par une étincelle électri-que, ces fumées se condensent avec une ex-trême rapidité.

CHAPITRE IX

Mesures électrométriques (1).

Électroscope condensateur. — Volta appliqua la théorie du condensateur à l'électroscope, et construisit un appareil qui lui permit de constater la présence de l'électricité fournie par une *source* très faible. Cet appareil est un électroscope à feuilles d'or; mais à la place du bouton est vissé un premier plateau métallique, au-dessus duquel on en pose un second, séparé du précédent par une lame isolante. Afin d'avoir une condensation énergique, ce qui était nécessaire puisqu'on voulait mesurer de faibles charges, Volta employait, comme lame isolante, deux couches minces de vernis, appliquées, l'une à la face supérieure du premier plateau, l'autre à la face inférieure du second.

On place la source en contact avec l'un des plateaux, le supérieur, par exemple, le plateau inférieur est mis en communication avec le sol. La condensation se fait et en retirant le doigt, puis le plateau supérieur avec le manche isolant, les lames divergent, chargées par l'électricité du plateau inférieur qui s'y répand. Les plateaux, séparés par la lame isolante très fine ont augmenté considérablement le pouvoir condensant de l'appareil. Il est nécessaire que les deux plateaux soient chargés chacun de gomme laque isolante, de façon à ce que chaque plateau emporte la charge emmagasinée par la moitié de la lame isolante qui adhère à lui; c'est une conséquence du phénomène d'absorption précédemment examiné.

Électromètre absolu de Lord Kelvin. — Considérons (fig. 69) un condensateur plan, dont on a mis les armatures D et D' en communication avec des sources aux potentiels V_1 et V_2. Dans la partie centrale, en l'endroit où le champ peut être supposé bien uniforme et bien nor-

---

(1) Pour avoir sur les mesures électrométriques des renseignements plus amples, le lecteur devra se reporter aux fascicules traitant des mesures électriques.

n'al aux armatures (grâce à certaines précautions qu'on indiquera plus loin), on aura :

$$\sigma = \frac{V_1 - V_2}{4\,\pi\,e}.$$

La pression électrostatique sera donnée par la formule :

$$f = 2\,\pi\,\sigma^2 = \frac{1}{8\,\pi\,e^2} \times (V_1 - V_2)^2.$$

Supposons que l'on découpe, dans l'armature D, un disque B de surface S, et que l'on suspende ce disque à l'extrémité A du fléau d'une

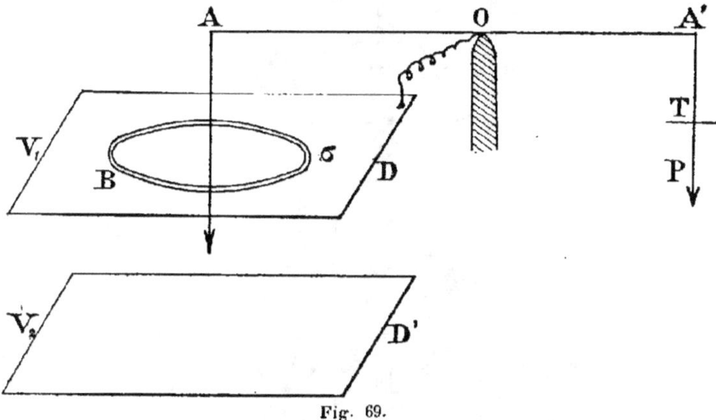

Fig. 69.

balance, alors qu'à l'autre extrémité A′, on place une tare T, faisant équilibre au système non électrisé.

Si, par une communication métallique avec la source, le disque B est tenu au potentiel V_1, il sera attiré par une force dont la valeur en dynes sera :

$$\frac{1}{8\,\pi\,e^2}\,(V_1 - V_2)^2\,S = P.$$

Cette force pourra être équilibrée par un poids P, placé dans le plateau suspendu en A′, de sorte qu'on aura :

$$V_1 - V_2 = 2\,e\,\sqrt{\frac{2.\pi.P}{S}}.$$

Pour exprimer en valeur absolue V_1—V_2, il suffira donc de pouvoir calculer e, S et P. On se rend compte que le champ relatif à B est bien uniforme, si le reste du plateau D est suffisamment étendu. La partie du plateau qui entoure B s'appelle l'anneau de garde.

La réalisation pratique de l'appareil de Lord Kelvin est donnée par la figure 70. Cet appareil est peu utilisé maintenant, il est d'ailleurs très peu sensible et d'un maniement délicat; nous indiquerons

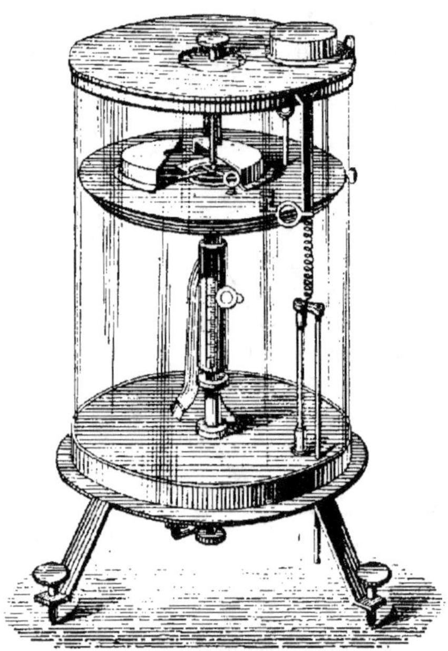

Fig. 70.

seulement qu'au lieu de calculer P à l'aide de poids, on le détermine à l'aide de la tension d'un ressort. C'est pour l'usage de cet appareil de mesure que Lord Kelvin avait imaginé le replenisher déjà décrit.

Électromètre à quadrants de Lord Kelvin.— Pour les mesures pratiques, on peut se servir d'un électromètre, dû également à Lord Kelvin, et appelé électromètre à quadrants (fig. 71, 72, 73), et dont les lectures donnent des nombres proportionnels aux différences de potentiel à mesurer. Il est clair que cet instrument doit être taré préalablement, c'est-à-dire comparé avec un appareil de mesure absolu, mais il est

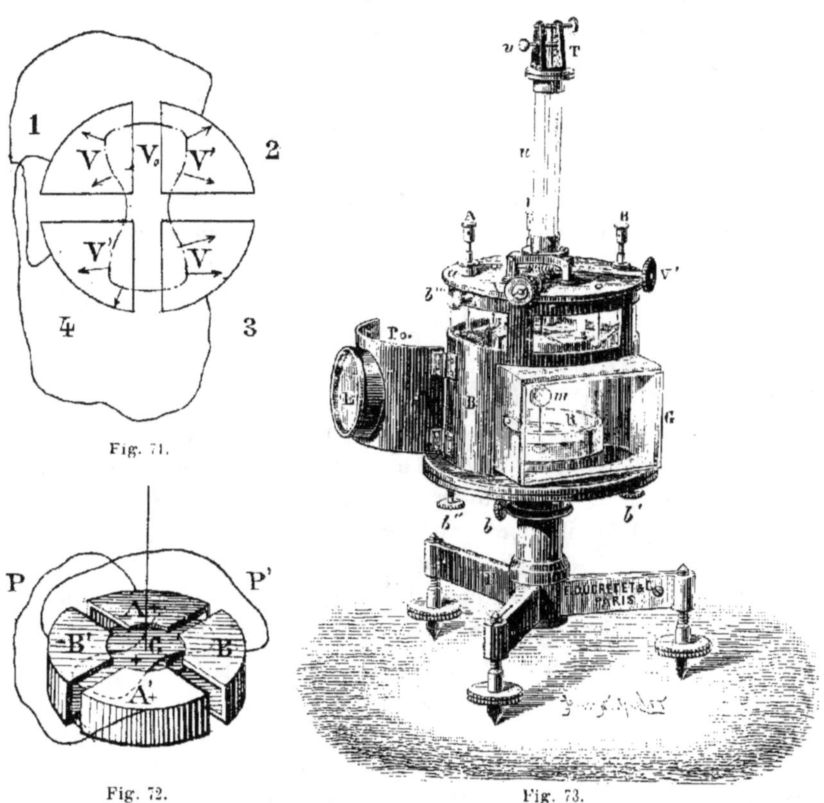

Fig. 71.

Fig. 72.   Fig. 73.

plus simple de faire cette tare à l'aide des moyens que fournissent les appareils électrodynamiques, ainsi que nous le verrons plus loin; de sorte, qu'en pratique, l'usage d'un électromètre absolu est de moins en moins nécessaire. L'instrument taré permettra de déterminer les différences de potentiel en valeur absolue.

Cet appareil se compose (fig. 71 et 72) d'une boîte cylindrique, en cuivre, divisée en quatre quadrants (1, 2, 3, 4); on a relié métallique les quadrants 1 et 3 d'une part, et 2 et 4 d'autre part. A l'intérieur de ces quadrants se trouve un disque en aluminium plat, dit aiguille, très léger, et ayant la forme indiquée à la figure 71; cette aiguille est suspendue au centre de la boîte cylindrique à l'aide d'un fil métallique très fin (et mieux d'un bifilaire métallique très fin); elle est à égale distance des faces horizontales de la boîte cylindrique. Au repos, les axes de symétrie horizontaux de l'aiguille coïncident avec les axes de séparation des quadrants.

Soient V_1 et V_2 les potentiels des deux paires de quadrants et soit V_0 le potentiel de l'aiguille à un moment déterminé; considérons l'aiguille dans deux positions voisines pour un *même* système de valeurs des potentiels, l'une des positions faisant un angle α avec la position de repos et l'autre faisant un angle $\alpha + d\alpha$. L'aiguille aura donc pénétré d'un angle $d\alpha$ dans les quadrants (1,3), par exemple, et se sera dégagée de $d\alpha$ dans les quadrants (2, 4). La distribution du potentiel aux contours de l'aiguille ne variera pas, seule, la plage de l'aiguille où le champ est normal à cette aiguille dans les quadrants (1, 3) aura augmenté de $d\alpha$ et diminué du même angle $d\alpha$ par rapport aux quadrants (2, 4); il en résulte, *tout étant d'une absolue symétrie*, que l'augmentation de capacité de l'aiguille par rapport aux quadrants (1, 3) est égale à la diminution de cette capacité par rapport aux quadrants (2, 4), et que, de plus, cette variation dC est proportionnelle à $d\alpha$:

$$d\,C = \lambda.d\alpha \quad (\lambda \text{ étant une constante}).$$

Ceci posé, calculons l'énergie électrostatique du système dans les deux positions, en appelant C_1 la capacité de l'aiguille dans les quadrants (1, 3) et C_2 la capacité de cette aiguille dans les quadrants (2, 4) :

$$\text{Position } \alpha: \quad E_1 = \frac{1}{2} C_1 (V_1 - V_0)^2, \quad E_2 = \frac{1}{2} C_2 (V_2 - V_0)^2.$$

$$\text{Position } \alpha + d\alpha: \quad E_1 + dE_1 = \frac{1}{2}(C_1 + \lambda.d\alpha)(V_1 - V_0)^2; \quad E_2 - dE_2 = \frac{1}{2}(C_2 - \lambda.d\alpha)(V_2 - V_0)^2.$$

La variation d'énergie est donc de :

$$\frac{\lambda.d\alpha}{2}\left[\left(V_1-V_0\right)^2-\left(V_2-V_0\right)^2\right]=\frac{\lambda.d\alpha}{2}\left(V_1-V_2\right)\left(V_1+V_2-2V_0\right).$$

Si la suspension est unifilaire, le couple Γ correspondant à la torsion α du fil pourra être considéré comme constant lorsque l'angle passe de α à $(\alpha+d\alpha)$ et le travail pour tordre le fil de la première à la deuxième position sera :

$$\Gamma\,d\alpha,$$

et ainsi, on a :

$$\Gamma d\alpha = \lambda.d\alpha\left(\frac{V_1+V_2}{2}-V_0\right)\left(V_1-V_2\right).$$

Mais Γ est proportionnel à α d'après les travaux de Coulomb, donc :

$$\alpha = \lambda'\left(V_1-V_2\right)\left(V_0-\frac{V_1+V_2}{2}\right).$$

On peut employer l'instrument de diverses manières :

1° On peut maintenir les deux paires de quadrants à des potentiels égaux et de signes contraires en les reliant aux deux pôles d'une pile formée de petits éléments et dont le milieu est au sol, alors $V_1 = -V_2$ et on a :

$$\alpha = 2\,\lambda'\,V_1 V_0;$$

2° On peut relier l'aiguille à l'une des paires de quadrants, alors $V_1 = V_0$, l'autre paire étant de plus au sol, d'où $V_2 = 0$, et on a ainsi :

$$\alpha = \frac{1}{2}\,\lambda'\,V_0^2.$$

La figure 73 représente l'appareil exécuté par la maison Ducretet; on voit que la partie inférieure de l'aiguille plonge dans un vase contenant de l'acide sulfurique assez concentré. Le rôle de cet acide est multiple : il fait communiquer l'aiguille avec la borne correspondante, il tient l'air sec dans la cage de l'appareil et il amortit les oscillations de l'aiguille pendant les mesures.

Les déviations sont mesurées par la méthode classique dite des miroirs. Si un miroir concave (fig. 75) est collé à la tige supportant l'aiguille, ce miroir tournera du même angle que l'aiguille. Une fente lumineuse verticale et une échelle transparente, divisée en millimètres (fig. 74), sont disposées dans le même plan P; la droite qui joint le centre de courbure du miroir à la fente est dans un plan vertical normal à P; la distance de ce centre, dans le plan vertical, à l'échelle

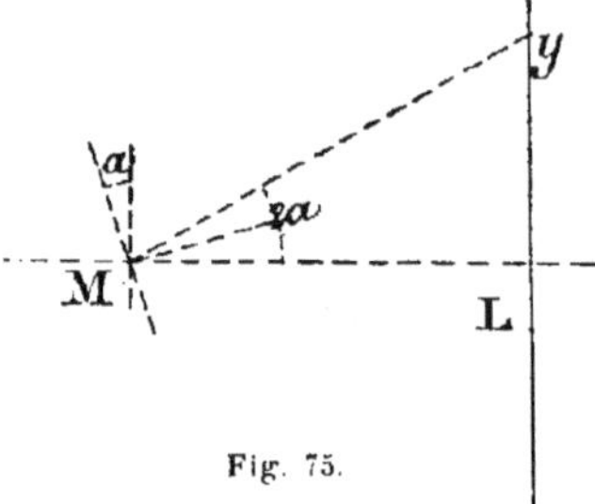

Fig. 75.

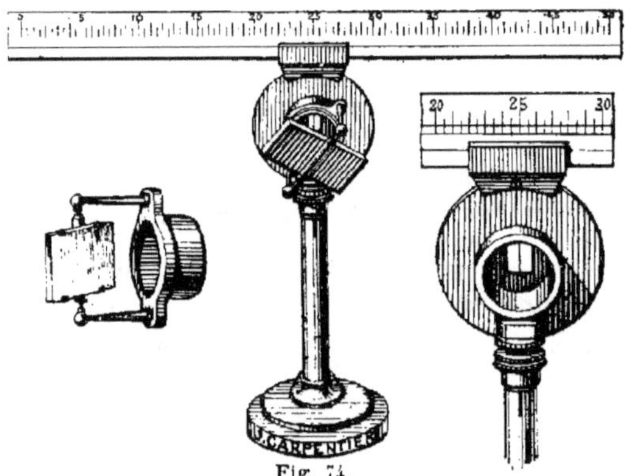

Fig. 74.

et à la fente, est la même. L'image de la fente vient se produire en vraie grandeur sur l'échelle. Il est facile de voir sur la figure 75 qu'on a :

$$y\,\mathrm{L} = \mathrm{LM}.\ tg\ 2\alpha,$$

déviation en millimètres sur l'échelle $= \delta.\ tg\ 2\alpha.$

si α est très petit, on aura très approximativement :

$$\alpha = \frac{y\,\mathrm{L}}{2\,\delta}.$$

Électromètre multicellulaire de Lord Kelvin. — Lord Kelvin a réalisé à la Maison J. White, de Glasgow, un instrument permettant

la mesure des différences de potentiel de 40 à 800 volts. Cet appareil
est très remarquable en ce sens, qu'il garde parfaitement, sauf acci-
dent, son étalonnage. Lord Kelvin l'a appelé électromètre multicellulaire. Il est formé d'une série de quadrants superposés, agissant sur
des palettes mobiles, supportées par un fil métallique très mince
(fig. 77). Un index en aluminium, se déplaçant devant une gra-

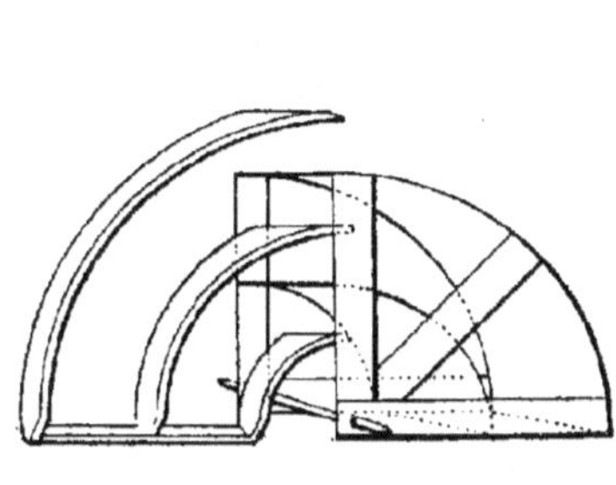

Fig. 76.

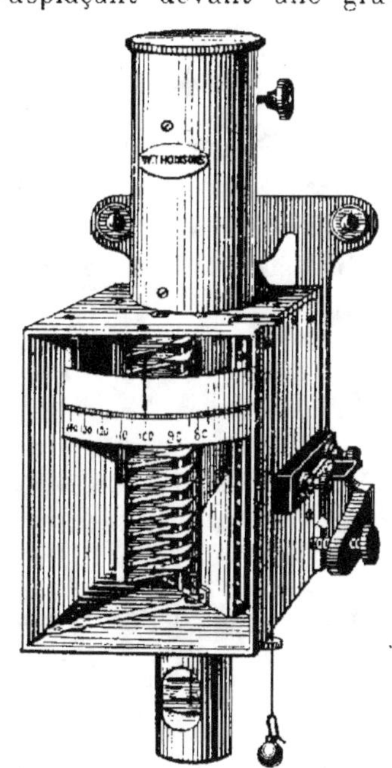

Fig. 77.

duation, sert aux lectures. Enfin, la série de palettes verticales est
terminée inférieurement par un petit disque plongeant dans de l'huile
d'olive et servant d'amortisseur. Cet électromètre est, en même temps,
un appareil recommandable pour les laboratoires et les mesures de
l'industrie électrique. (La figure 76 représente schématiquement un
appareil multicellulaire horizontal.)

Électromètre absolu de Bichat et Blondlot. — Nous établirons d'abord
la propriété suivante : considérons le système formé par deux cylin-

dres conducteurs (fig. 78) A et B, concentriques, de rayon R_1 et R_2, de longueur infinie en les deux sens.

Soit V_1 le potentiel de A, et V_2 le potentiel de B, le champ est uni-forme, les lignes de forces sont des rayons, les surfaces équipotentielles des cylindres, ce, par raison de symétrie.

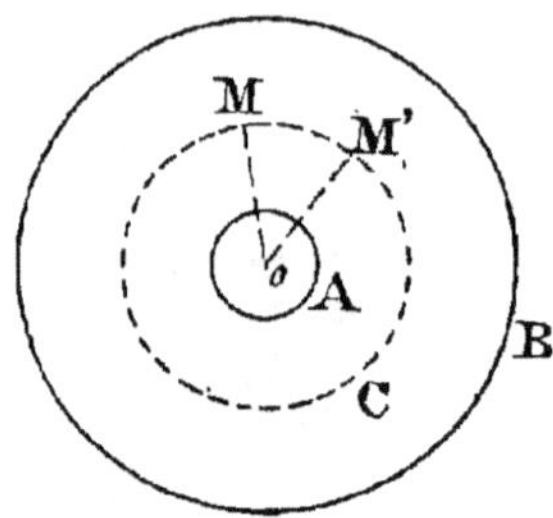

Fig. 78.

Considérons un volume limité par une surface de niveau C, deux plans M et M' passant par l'axe, et deux autres plans quelconques normaux à l'axe, distants de h, et appliquons le théorème de Gauss à ce volume, nous aurons, en appelant φ le flux sur C, et r le rayon OM, σ la densité sur le petit cylindre intérieur :

$$\varphi \times h \times r \times \alpha = 4\pi \alpha R_1 h.\sigma,$$

d'où :

$$\varphi = \frac{4\pi R_1 \sigma}{r}.$$

Or,

$$\varphi = -\frac{dV}{dr} = \frac{4\pi R_1 \sigma}{r} ;$$

et, en intégrant entre les limites R_1 et R_2, il vient :

$$V_1 - V_2 = 4\pi R_1 \sigma L_{og} \frac{R_2}{R_1}.$$

Si m est la charge du cylindre A entre deux plans perpendiculaires à l'axe et distant de h, on aura :

$$m = 2\pi R_1 h \sigma = \frac{h(V_1 - V_2)}{2 L_{og} \dfrac{R_2}{R_1}},$$

et la capacité de cette partie limitée de condensateur cylindrique est donnée par la formule :

$$C = \frac{h}{2 L_{og} \dfrac{R_2}{R_1}}.$$

Ceci posé, l'électromètre *absolu* de Bichat et Blondlot est basé sur le principe suivant (fig. 80). Un cylindre fixe, en laiton, A, dont l'axe est vertical et supporté par des pieds en matière isolante, a, à son intérieur, un cylindre mobile B, ayant même axe, mais de rayon R_1, suffisamment inférieur au rayon R_2 de A. Le cylindre mobile est li-

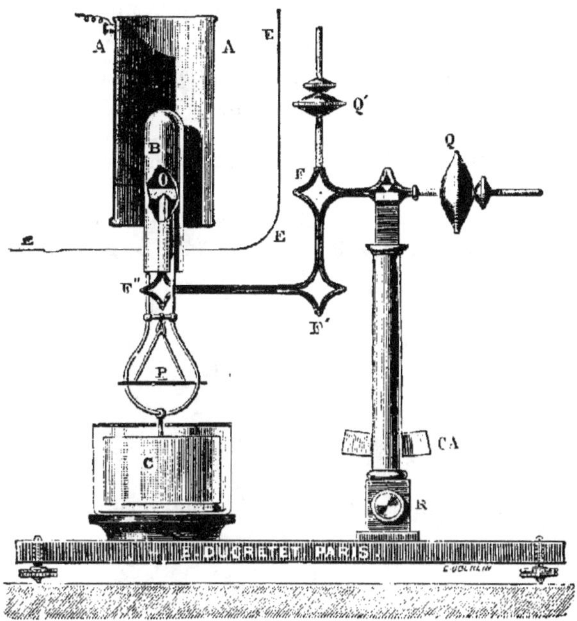

Fig. 79.

mité à sa partie supérieure par une calotte sphérique arrivant au milieu du cylindre fixe. Il est porté par le fléau F d'une balance, par l'intermédiaire d'une suspension à la Cardan, permettant à l'axe du cylindre mobile de rester vertical dans toutes les positions inclinées du fléau; un contre-poids Q se déplaçant sur une tige filetée permet d'établir l'équilibre.

Nous verrons que, si on établit une différence de potentiel entre les deux cylindres, le cylindre intérieur s'élève et fait basculer le fléau;

pour rétablir l'équilibre, on met des poids marqués dans le plateau P jusqu'à ce que la position primitive soit obtenue, ce que l'on constatera optiquement en disposant sur le fléau, près de l'axe de rotation et parallèlement à cet axe, un petit miroir dont le déplacement angulaire est égal à celui du fléau ; les déviations seront observées à l'aide d'une échelle divisée comme il a été expliqué plus haut.

Pour amortir les oscillations, en C se trouve un amortisseur à air.

Si l'appareil étant en équilibre sous une différence de potentiel $V_1 - V_2$, nous venons à donner un léger déplacement dh au cylindre mobile B ; si f est la force nécessaire pour ce déplacement, on aura :

$$f.\,dh = \text{Variation d'énergie potentielle}.$$

Or, soit C la capacité du condensateur à l'état d'équilibre, $C + dC$ sa capacité après le déplacement du cylindre B, nous aurons :

$$f \times dh = \frac{1}{2} \left\{ (C + dC)(V_2 - V_1)^2 - C(V_2 - V_1)^2 \right\},$$

$$= \frac{1}{2}(V_2 - V_1)^2.dC,$$

ou,

$$f = \frac{1}{2}(V_2 - V_1)^2 \frac{dC}{dh}.$$

Or, on se rend compte que d'après une formule précédemment établie :

$$\frac{dC}{dh} = \frac{1}{2\,L_{og}\dfrac{R_2}{R_1}},$$

et ainsi, en appelant $m.\,g$ le poids mis dans le plateau P, pour rétablir l'équilibre, on doit avoir :

$$mg = \frac{1}{4}\frac{(V_2 - V_1)^2}{L_{og}\dfrac{R_2}{R_1}}$$

et ainsi, en valeurs absolues :

$$(V_2 - V_1)^2 = 4\,mg\,L\frac{R_2}{R_1}.$$

Électromètre à décharge de Gaugain. — C'est un électroscope (fig. 80) à feuilles d'or, muni dans le plan de divergence des feuilles, d'une boule

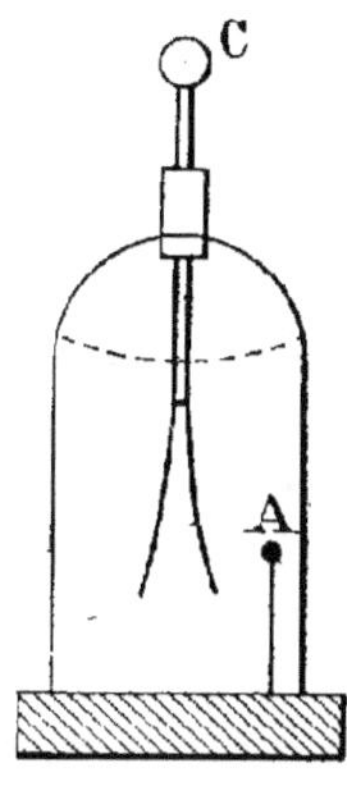

Fig. 80.

unique A, recouverte d'une légère couche d'oxyde pour éviter l'adhérence; cette boule A est en communication avec le sol. Le bouton C de cet électroscope est mis en communication avec le conducteur dont on veut mesurer la charge à l'aide d'un fil semi-conducteur, comme serait une corde légèrement mouillée; de cette façon, l'électricité passe lentement. Quand les feuilles sont suffisamment chargées, l'une d'elle touche la boule A et l'électroscope se décharge; autant de temps que le corps étudié est suffisamment chargé, autant on voit l'expérience se continuer; de sorte que le nombre des contacts de la feuille d'or avec la boule A donne, assez approximativement, l'ordre de grandeur de la charge du corps étudié.

BIBLIOTHÈQUE NATIONALE
R F
IMPRIMÉS

www.ingramcontent.com/pod-product-compliance
Lightning Source LLC
LaVergne TN
LVHW050826200726
843507LV00001B/202